커스터머 인사이드

커스터머 인사이드

2007년 11월 12일 초판 1쇄 발행
2009년 10월 15일 초판 2쇄 발행

지은이 | 이은영 외
펴낸곳 | 삼성경제연구소
펴낸이 | 정기영
출판등록 | 제302-1991-000066호
등록일자 | 1991년 10월 12일
주　소 | 서울시 서초구 서초2동 1321-15 삼성생명 서초타워 30층
　　　　전화 3780-8153, 8372(기획), 3780-8084(마케팅)
　　　　팩스 3780-8152
　　　　http://www.seri.org   seribook@seri.org

ISBN | 978-89-7633-359-9 03320

● 저자와의 협의에 의해 인지는 붙이지 않습니다.
● 가격은 뒤표지에 있습니다.
● 잘못된 책은 바꾸어 드립니다.

삼성경제연구소 도서정보는 이렇게도 보실 수 있습니다.
인터넷 홈페이지에서 → SERI 북 → SERI가 만든 책

디지털 소비자를 위한 마케팅진화

커스터머 인사이드
Customer Inside

| 이은영 외 지음 |

삼성경제연구소

프롤로그

디지털 시대의 소비자와 진화하는 마케팅

디지털 시대의 소비 환경과 마케팅의 변화

2007년 1월 말 현재 우리나라의 이동전화 가입자 수는 4,041만 명, 초고속 인터넷 가입자 수는 1,410만 명에 이른다. 이러한 인프라를 바탕으로 디지털은 이제 우리 삶의 갖가지 영역에서 광범위하게 전개되고 있다. 신세계 유통산업연구소의 "2007년 유통업 전망 보고서"에 따르면, 2007년 인터넷 쇼핑몰의 매출은 약 15조 9,000억 원으로 전체 유통업 매출 규모 158조 원의 약 10%에 달할 것으로 전망된다. 한국방송광고공사가 매년 실시하는 소비자 행태 조사에 따르면, 소비자들이 일주일 동안 매체에 접촉하는 시간은 총 2,172분이고, 이 가운데 TV가 46%로 가장 많으며 그 다음이 인터넷으로 31%를 차지한다. 인터넷은 이미 TV에 이어 두 번째로 영향력이 큰 매체로서 확고히 자리를 잡았다. 이제 소비자들은 온라인에서 정보를 얻고 온라인으로 구매하는 바야흐로 디지털 시대의 소비자가 된 것이다.

그러나 인터넷이 마케팅에서 주목받는 것은 단순히 새롭게 떠오르는 고객 접점이기 때문만은 아니다. 인터넷이 과거의 커뮤니케이션 매체와 구분되는 가장 큰 특징은 실시간 상호작용성(networked

2006년 올해의 인물로 '당신'을 선정한 시사주간지 《타임》.

/real-time interactive media)이다. 기업과 소비자가 마케팅 메시지를 둘러싸고 실시간으로 상호작용하며, 나아가 소비자들이 서로 연결되는 환경이 만들어진 것이다. 이로써 소비자는 과거와는 다른 새로운 힘을 갖고 세상을 주도해나가고 있다. 2006년 말 미국의 시사주간지 《타임》이 올해의 인물로 'You'를 선정한 사실은 인터넷 사용자 개개인이 세상을 만들어가고 있음을 상징적으로 보여준다.

이러한 환경 변화는 지금까지의 마케팅과 소비자에 대한 가설, 패러다임, 그리고 핵심 수단 체계에 대한 틀을 송두리째 바꾸고 있다. 인터넷이 단순히 고객에게 접근하기 위한 새로운 매체나 수단에 지나지 않는다는 생각은 버려야 한다. 인터넷 환경에서 마케팅과 소비자에 대한 새로운 접근 틀을 모색하고 효과적인 마케팅을 전개하기 위해서는 우선 디지털 시대의 마케팅 환경과 패러다임의 변화에 대해 제대로 이해할 필요가 있다.

왜 '디지털 소비자'인가

마케팅의 고전적 관심사는 늘 소비자였다. 마케팅 패러다임의 중요 축이 고객지향성이라는 사실은 누구도 부인하기 힘들 것이다. 이렇듯 마케팅의 중심에는 늘 소비자가 있었다. 그럼에도 그동안 기업의 마케팅 전략에는 소비자보다 기업의 전략과 목표 등 기업지향적인 요소가 적잖이 자리 잡고 있었다. 이런 점에서 디지털은 마케팅에서 매우 큰 의미를 지닌다. 기존의 기업지향적 요소를 모두 고객지향적 요소로 대체하는 혁신적 변화를 불러왔기 때문이다. 디지털 시대의 소비자는 과거의 소비자와는 확연히 다른 특성을 지니고 있으며, 그로 인해 기업의 마케팅 전략도 대폭 달라질 수밖에 없다. 디지털 환경이 가져온 소비자의 변화를 좀더 자세히 살펴보자.

우선, 인터넷은 소비자가 거래의 주도권을 가질 수 있게 하였다. 그동안 정보의 약자로서 기업에 끌려다녔던 소비자가 서로 연결되어 정보를 공유하면서 정보력이 크게 증가하고 있다. 상품과 거래에 관한 정보를 독점하여 우위를 누렸던 기업의 정보 독점 구조가 붕괴되고 있는 것이다. 또한 소비자들이 연결되어 서로 뭉치면서 기업에 대항하는 힘을 가지게 되었다.

이러한 마케팅 패러다임의 변화를 가져온 디지털 환경이 소비자에게 미치는 영향을 정리하면 다음과 같다.

아날로그 환경과 디지털 환경에서 소비자의 역할

	아날로그 환경	디지털 환경
정보의 흐름	기업➡소비자	기업⬌소비자, 소비자⬌소비자
커뮤니케이션의 주도권	기업	소비자
정보의 생산과 소비	분리	일치
소비자의 정보 보유 및 처리량	낮다	높다
소비자의 정보선택권	낮다	높다
정보 생산에서 소비자의 참여도	낮다	높다

첫째, 디지털 환경은 소비자의 발언권을 강화했다. 소비자는 자신이 원하는 제품이나 서비스를 요구할 수 있게 되었고, 보다 능동적으로 불만이나 요구사항을 기업에 제시할 수 있게 되었다.

둘째, 디지털 환경은 소비자의 선택권을 강화했다. 다양한 제품을 비교할 수 있는 사이트(www.enuri.com), 제품에 대한 사용 후기를 올리는 사이트(www.epinion.com) 등을 통해 다양하고 풍부한 정보에 접근할 수 있어 정보의 불균형이 사라지고 있다. 또한 소비자는 다양한 디지털 수단을 통해 자기가 원하는 맞춤 정보를 얻을 수도 있다. 그 결과 기업의 영업사원보다 더 많은 정보로 무장한 수많은 소비자가 양산되는 환경이 되었다. 바야흐로 똑똑한 소비자(smart customer)의 시대가 온 것이다.

인터넷 시대 소비자의 위상을 잘 보여준 예로 도시바의 사례를 들 수 있다. 도시바의 비디오 플레이어를 구입한 한 고객이 제품 결함을 발견하고 회사에 애프터서비스를 신청했다. 그러나 도시바의 직원들은 이 부서에서 저 부서로 책임을 떠넘겼고, 심지어 "당신 같은 고객은 필요 없다"는 폭언까지 퍼부었다. 화가 난 고객은 통화 내용을 음성 파일로 만들어 자신의 홈페이지에 올렸다. 이에 동조한 수많은 네티즌이 도시바의 무례함에 분노하여 회사에 항의했다. 그러나 도시바는 사태의 심각성을 깨닫지 못하고 고객의 홈페이지 내용이 잘못됐다며 법적으로 대응했다. 결국 도시바 제품에 대한 불매운동이 전개되는 등 소비자들의 항의 사태가 걷잡을 수 없이 번졌다. 마침내 도시바의 부사장이 기자회견을 자청하여, 법원에 제출했던 가처분 신청을 철회하고 고객에게 사죄한 뒤 담당자를 문책하겠다고 발표했다. 이와 같은 도시바의 사례는 고객의 파워를 오판한 대표적인 사례로 손꼽힌다.

디지털 시대의 소비자는 무엇이 다른가

그렇다면 디지털 시대의 소비자는 어떠한 특징을 보일까?

첫째, 디지털 시대의 소비자는 참여지향적(participation-oriented)이다. 자신의 이야기를 하는 데에 거침이 없고 제품 개발에 자신의 의견이 반영되기를 원한다. 이를 위해 고객평가단에 참여하거나 신제품에 대한 아이디어를 적극적으로 개진하는 등 제품의 개선을 위해 수고를 아끼지 않는다.

네티즌 영화 펀드에서 보듯이 이제 소비자는 단순히 상품을 구매하는 역할에 그치는 것이 아니라 좋은 사업 기회라고 생각되면 스스로 투자자가 되어 자본가로서 참여하기도 한다. 신제품을 개발하는 과정에 베타테스터로 참여하거나 아이디어를 제공하는 것은 이제 흔한 일이 되었다. 일본의 타노미닷컴(www.tanomi.com)과 같이 제품의 개발 여부를 선주문 형태로 결정하는 사업 모델도 성공적으로 운영되고 있다. 기업이 개발해 출시한 제품이 마음에 들지 않는다며 그 성능과 사양을 바꿔 사용하는 경우도 흔하다. 디지털카메라를 개조하는 방법이나 자동차의 모델별 튜닝법을 공유하기도 한다. 심지어 소비자가 원하는 제품이나 콘텐츠를 스스로 만들어내는 경우도 있다.

좋아하는 글이나 음악, 패러디 동영상을 만들어 주변 사람들과 즐기는 것은 더 이상 새로운 일이 아니다. 기업이 생산하지 않는 유형의 제품들도 동호회의 지식을 동원해서 만들어내기도 한다. 2003년에 기업보다 훨씬 앞서서 벽에 거는 수제 빔 프로젝터를 제작한 이복재 씨의 경우가 그 대표적인 예이다(www.diypro.net 참조). 그러나 한편으로는 인터넷의 익명성을 이용하여 제품에 대한 신랄한 비판과 비난을 쏟아내는 등 안티 문화의 형성에도 일조를 하고 있다.

둘째, 디지털 시대의 소비자는 관계지향적(relationship-oriented)이다. 일회적인 거래보다 지속적인 관계를 원하며 기업이나 브랜드와도 이러한 관계를 맺고자 한다. 또한 소비자들끼리의 관계 맺기에도 익숙하다. 관심사나 이해관계에 따라 수많은 커뮤니티에 속하여 다양한 디지털 관계를 형성하며 이를 즐긴다. 이러한 커뮤니티를 통해 소비자는 원하는 정보를 손쉽게 입수하고 또 다른 소비자에게 자신이 가진 정보를 나눠주며 영향력을 발휘한다.

그러나 한편으로는 집단화된 힘을 이용해 기업에 압력을 행사하기도 한다. 정보력이 증대된 디지털 시대의 소비자들은 손쉬워진 네트워킹 기반을 이용해 더욱 강력한 소비자 집단으로 쉽게 뭉친다. 소비자의 정보력과 대항력이 커짐에 따라 나타나는 현상 가운데 대표적인 것이 바로 각종 안티 사이트들의 등장이다.

셋째, 디지털 시대의 소비자는 맞춤지향적(customization-oriented)이다. 남들과 똑같은 제품과 서비스에 만족하지 않고 자신만을 위한 맞춤 상품과 서비스를 선호한다. 또 개인적 선호와 선택 기준이 분명하며 개별화된 제품과 서비스에 익숙하다. 따라서 디지털 시대의 소비자에게는 맞춤지향성을 충족시켜주는 제품과 서비스가 환영을 받는다. 디지털 시대의 소비자는 자신이 원하는 사양을 요청하는 맞춤 주문을 통해 생산 과정에도 참여한다. 의류, 스포츠화, 인형, 동화책, 화장품, PC, 승용차, 심지어 비타민제에까지 고객 맞춤 주문이 확산되고 있다. 이러한 맞춤화는 디지털 환경에서 더욱 용이해져 상품뿐 아니라 디지털 콘텐츠 등 다양한 영역으로 번져가고 있다. 이제는 음악회나 오페라의 공연 레퍼토리도 고객이 직접 선택하여 결정하는 맞춤 공연이 일반화되고 있다.

그러나 한편으로는 유행에 편승하는 유행 추종 현상도 더욱 심화되고 있다. 디지털 환경이 유행의 수용과 확산을 더욱 가속화하기 때문이다. 포털 사이트에서 '요즘 뜨는 이야기'를 매일 살펴보는 것이 잘나가는 사회인의 일과가 되었고, 최신 유행에 정통한 사람이 트렌디하고 유능한 사람으로 인정받는 것이 최근의 풍조이다. 이에 따라 특정 유행의 글로벌화가 용이해졌다.

넷째, 디지털 시대의 소비자는 속도지향적(speed-oriented)이다. 정보 탐색이나 구매 의사 결정, 구매 과정에서 '빨리빨리'를 선호한다. 특히 한국의 디지털 소비자들은 더욱 그렇다. 유행의 주기가 짧아지면서 신제품의 출시 주기도 점점 단축되고 있다. 인터넷 화면도 빨리빨리 바뀌어야 하고 느린 것은 참기 힘들어한다. 그래서 인터넷 쇼핑몰의 경쟁력은 화면 전환의 속도에 달렸다고 말하는 사람도 있다. 이는 우리나라의 초고속 인터넷 환경이 만들어낸 소비자의 특징이기도 하다.

　디지털 시대의 소비자는 여러 가지 작업을 동시에 수행하는 멀티태스킹(multi-tasking)을 선호한다. 넘쳐나는 정보와 지식을 처리하기 위해서는 멀티태스킹이 필요하고 이를 위해서는 속도가 중요하다. 디지털 소비자는 새로운 것을 선호한다. 따라서 신제품의 수용에도 신속하다. 흔히 신제품을 빨리 받아들이는 사람을 가리켜 얼리어답터(early adopter)라고 한다. 디지털화가 진전되면서 이러한 얼리어답터의 비율이 점점 늘고 있다는 것은 제품의 구매에서도 '빨리빨리족'이 증가하고 있다는 방증이다. 그러나 한편으로는 복고적인 것, 느림의 미학을 추구하는 등 양면적인 현상도 볼 수 있다. 전 세계적으로 슬로푸드(slow food)와 복고적 취미가 유행하는 것이 바로 그 예이다.

　다섯째, 디지털 시대의 소비자는 정보지향적(information-oriented)이다. 1,000원짜리 물건을 하나 사더라도 인터넷을 뒤져서 각종 제품 및 가격 정보를 탐색하고 비교한 뒤에 구매한다. 때로는 당장 사지 않을 물건에 대해서도 정보를 폭넓게 탐색한다. 인터넷의 다양한 가격 비교 사이트, 제품 관련 커뮤니티 사이트 등이 소비자들의 정보지향성을 광범위하게 지원한다. 제품 정보와 사용 정보에서 기업이 쥐고 있던 주도권이 소비자에게 넘어간 것이다. 정보지향적 소비자는 다양한 정보를 습득하면서 점점 똑똑하고 현명한 소비자로 진화해간다. 또 풍부한 정보를 바탕으로 합리적인 구매 의사 결정을 한다. 따라서 기업은 소비자들이 의사 결정을 신속히 할 수 있게끔 제품에 대해 풍부한 정보를 제공해야 한다.

그러나 합리적이고 이성적인 디지털 시대의 소비자는 때로 매우 감성적인 측면에서 구매 결정을 하기도 한다. 제품 정보를 탐색할 때는 기능과 가격 중심으로 합리적인 기준을 따르지만 막상 구매할 시점에서는 디자인이나 희소성, 개성, 유행 등 감성적인 요소에 좌우되곤 하는 것이다.

이상과 같이 디지털 시대의 소비자는 양면적인 성격을 보여준다. 이러한 양면성은 든든한 조력자로서 기업에 도움을 주기도 하지만 때로는 위협적인 요인으로 작용하기도 한다. 확대된 정보력을 바탕으로 구매자 주도형 마케팅 환경으로 변화하면서 이러한 기회와 위협 요인이 기업에게 큰 도전 과제를 제시하고 있다.

이제 기업은 과거의 대량생산 시스템에서 기업이 주도했던 것과는 다른 방식으로 마케팅을 전개해야 할 것이다. 마케팅 과정에 고

디지털 시대 소비자의 특징

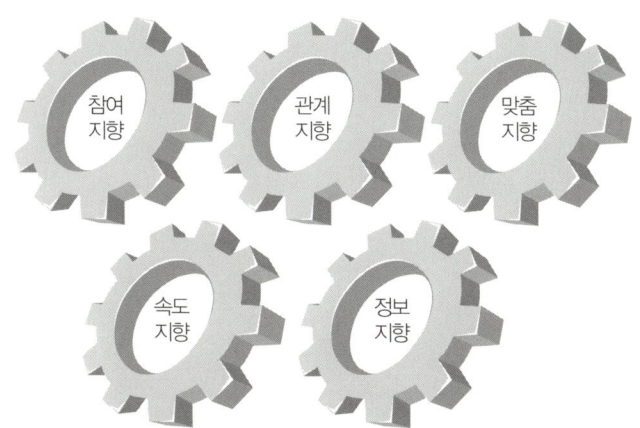

객을 적극 참여시켜 고객의 욕구에 대한 대응 수준을 높이는 한편, 마케팅 효율성을 높이는 구매자 주도형 혹은 고객참여형 마케팅이 절실히 요구된다.

고객참여형 마케팅이 핵심

소비자의 정보력과 영향력이 커진 디지털 환경에서 마케팅은 근본적인 패러다임의 변화를 겪고 있다. 즉 구매자 주도형, 고객참여형 마케팅으로 전환할 것을 요구받고 있다. 기업이 마케팅 프로그램을 기획하여 고객에게 제공하던 시대에서 이제 구매자가 주도하고 고객이 직접 참여하는 마케팅으로 변화하고 있는 것이다.

디지털 환경에서는 소비자들을 마케팅 과정에 어떻게 참여시키고 의견과 아이디어를 내게 하여 브랜드 전도자 또는 제품 확산자의 역할을 하게 만들 것인가 하는 점이 핵심 과제가 되고 있다. 이를 위해 기업들은 공식 사이트 외에도 전문 브랜드 커뮤니티나 블로그를 운영하는 등 고객과의 관계 구축에 힘쓰고 있다. 또 제품 개발이나 광고 제작에 소비자를 참여시키는 각종 이벤트를 개최함으로써 소비자의 아이디어를 활용하는 한편, 소비자들 사이에 화제를 만들어내기 위해 노력하고 있다. 2006년 미국에서 유행했던 '소비자가 만드는 광고'(GM의 Chevy Tahoe, 나이키의 컨버스, 도리토스의 슈퍼볼 광고 캠페인 등)나 최근 유행하고 있는 UCC(user created contents, 사용자 제작 콘텐츠) 동영상을 활용한 마케팅이 모두 이와 관련된 움직임이다. 2007년 칸 국제광고제가 영 크리에이티브(Young Creative) 경쟁

부문에서 모바일 동영상 광고를 심사 대상으로 선정했을 만큼 고객 참여형 콘텐츠에 대한 열풍이 세계적인 광고 트렌드로 자리 잡아가고 있다.

마케팅에서 중요한 것은 '어떻게 하면 소비자의 이야기를 제대로 들을 수 있는가', '고객들이 자기 이야기를 마음껏 펼칠 수 있는 장을 어떻게 마련해줄 것인가'이다. 기업이 따로 이벤트와 같은 노력을 하지 않더라도 소비자들은 수많은 기회를 통해 기업과 브랜드에 대한 이야기들을 쏟아내고 있다. 기업은 인터넷상에서 쏟아지는 이러한 이야기들을 시의적절하게 수집, 분석함으로써 마케팅에 활용하는 시스템을 갖춰야 할 것이다.

앞서가는 기업들은 블로그 분석 도구나 모니터링 시스템을 통해 인터넷상에서 자사 제품과 관련해 어떤 이야기가 오가는지 조사하고, 또 신제품 개발에 참고할 수 있는 아이디어들을 체계적으로 수집, 분석하고 있다. 이러한 모니터링은 기업에 부정적인 영향을 끼칠 수 있는 콘텐츠들이 생성되었을 때 이에 신속하게 대응할 수 있게 해준다. 소비자 참여 및 주도 현상을 준비한 기업과 그렇지 않은 기업 사이에 커다란 명암이 존재함을 보여준 사례가 있다. 크립토나이트(Kriptonite)는 자사의 자전거 자물쇠가 볼펜으로 간단하게 열리는 동영상이 인터넷에 공개됨으로써 100억 원에 가까운 리콜 비용을 지출했다. 이에 반해 폴크스바겐은 인터넷에서 자동차 기술에 대한 관심사를 수집해서 새로운 모델을 개발할 때 이를 반영해 호평을 받았다.

이제 고객참여형 마케팅은 기업의 흥망성쇠를 좌우할 수 있는 핵심 과제가 되었다. 고객지향적인 기업, 고객 참여를 활성화하는 기업, 고객의 목소리에 귀 기울이는 기업만이 변화하는 디지털 환경에서 소비자와 시장을 지배할 것이다.

'customer inside'를 추구하라

과거와 같은 기업주도형 마케팅은 이제 설 자리를 잃어가고 있다. 따라서 소비자가 주도하는 환경에서 마케팅의 새로운 틀을 모색할 필요가 있다. 이를 위해서는 디지털 시대의 소비자에 대한 정확한 이해가 전제되어야 한다. 디지털 시대의 소비자는 과연 어떠한 특징을 지니고 있으며 기업의 마케팅 전략에 어떻게 영향을 미치는가? 디지털 환경에서 소비자의 지향점은 어디인가? 디지털 소비자의 구매 행동은 어떠한 양상을 보이며 앞으로 어떻게 진화해갈 것인가? 이 책은 이러한 문제로 고민하는 기업과 마케터들에게 도움을 주고자 하는 의도에서 출발했다.

이 책은 크게 세 부분으로 구성된다. 첫 부분에서는 디지털 소비자의 등장과 의미에 대해 살펴본다. 두 얼굴의 소비 거인으로 등장한 디지털 소비자에 대해 알아보고, 그들이 기업의 협력자 혹은 경쟁자로 작용할 수도 있다는 점을 사례를 통해 보여준다.

두 번째 부분에서는 디지털 소비자를 개인과 집단 차원으로 나누어 살펴보고 그 마케팅적 의미를 조명함으로써 그들의 특징을 알아본다.

마지막 끝 부분에서는 디지털 소비자가 갑자기 등장한 외계인이 아니라 현대 사회의 발달과 더불어 지속적으로 발전해온 이성과 감성의 복합체임을 확인하고자 한다. 디지털 소비자가 디지털화의 진전과 함께 변화해온 점을 주목하고 앞으로의 진화 방향을 알아본다.

이 책은 디지털 시대의 소비자에 대한 폭넓은 이해를 바탕으로 진화하는 마케팅 패러다임에 대한 통찰의 기회를 제공한다는 의미에서 'customer inside'를 추구한다. 디지털 환경으로의 변화가 급속히 진행되고 경영 환경이 급변함에 따라 마케팅 환경의 불확실성이 커지고 기업의 대응 능력에 대한 요구 수준도 높아졌다. 이런 때일수록 고객지향성이라는 마케팅의 고전적 전제를 되새겨보는 자세가 필요하다. 이는 뿌리 깊은 나무가 바람에 흔들리지 않는다는 동서고금의 진리를 실천하는 방법이 될 것이다. 고객의 파워가 커지는 디지털 환경에서는 고객지향성이 중요한 전략적 지향점이 될 것이다.

이 책에서 'customer inside'의 의미는 단순히 고객의 내부에 들어가 그들을 알아본다는 의미를 넘어 제품이나 서비스에 고객을 담겠다는 뜻이다. 'intel inside'가 컴퓨터의 품질을 보증하듯, 디지털 시대의 제품과 서비스에도 'customer inside'가 중요한 요소로 자리 잡은 것이다. 아울러 'customer inside'를 실현하는 기업만이 고객으로부터 선택받아 시장에서 진정한 승자로 살아남을 것이다.

Contents

프롤로그 디지털 시대의 소비자와 진화하는 마케팅 · 005

Chapter 1 협력자인가 경쟁자인가, 두 얼굴의 소비 거인

:: 슈퍼컨슈머의 등장 - 마케팅 권력자로 떠오른 소비자 · 023

:: 만들고 모으고 퍼트리면서 즐긴다 - 콘텐츠 만듦이와 정리꾼들 · 030

:: 제품 기획에서 유통까지 직접 참여하는 신프로슈머
  - 프로슈머에 대한 시각을 바꿔라 · 040

:: 슈퍼컨슈머의 자기표현 - UCC와 1인 미디어가 마케팅을 좌우한다 · 049

:: 기업과 경쟁하는 슈퍼컨슈머 - 슈퍼컨슈머의 자작 세계 · 056

:: 슈퍼컨슈머의 또 다른 얼굴 - '막가파' 소비자 · 061

Chapter 2 튀고 싶기도, 숨고 싶기도

:: 온라인에서 나를 유통시킨다 - 1인 미디어 시대 · 071

:: 나를 클릭해주세요, 나를 봐주세요 - 신인류 '퍼블리즌'의 출현 · 076

:: 튀지 않고는 살 수 없다 - 마니아적 일상 · 082

:: 숨어서 엿보고, 따라하고, 욕하고, 심지어 때리기까지
 - 익명성의 다면체 · 087

Chapter 3 개성 추구 vs 유행 추종

:: 나만의 것을 원한다 - 대중화된 상품에 대한 반란 · 093

:: 나만의 세계를 원한다 - 디지털 코쿠닝 · 100

:: 디지털 클래닝 - 끼리끼리 모이기 · 104

:: 유행 동조 경향 - 요즘 뜨는 게 뭐지? · 109

Chapter 4 정보 나눔터인가 패거리의 무대인가

:: 모여야 산다 - 디지털 커뮤니티의 확산 · 115

:: 모여 사는 방식도 여러 가지 - 디지털 커뮤니티의 유형 · 120

:: 그들만의 리그, 브랜드 커뮤니티 · 125

:: 매스미디어의 시대는 가고 구전의 시대가 왔다
 - 디지털 시대의 구전 바람 · 131

:: 안티사이트, 소비자의 힘인가 전횡인가 · 136

| Chapter 5 | 디지털 시대 빨리빨리와 여유만만

:: 얼리어답터, 정보통신 강국의 밑거름인가?
  - 디지털 시대의 초기수용자들 · 143

:: 나는 얼리어답터인가 · 148

:: 빨리빨리는 디지털 시대의 경쟁력
  - 디지털 조급증, 지금 바로 확인과 대답을 · 152

:: 빨리빨리는 No, 여유만만은 Yes! - 슬로비족과 다운시프트족의 출현 · 157

:: 디지털 온고이지신 - 디지털 시대의 복고 마케팅 · 163

| Chapter 6 | 디지털 시대의 소비자, 이성과 감성의 복합체

:: 이성과 감성이 만나면 디지털 소비자? - 모순의 소비 코드 · 169

:: 더 많은 정보, 더 낮은 가격
  - 정보 활용에 능숙한 디지털 소비자 · 179

:: 감성적 소비의 확산 - 디지털이 소비자의 감성을 키운다 · 185

:: 충동구매와 명품에 열광하는 소비자 - 구매하는 순간을 즐겨라 · 190

참고문헌 · 197

Chapter 1

협력자인가 경쟁자인가, 두 얼굴의 소비 거인

슈퍼컨슈머의 등장
- 마케팅 권력자로 떠오른 소비자

인터넷은 소비자들이 상호연결되어 정보를 주고받으며 뭉칠 수 있게 하여 막강한 힘을 실어주었다. 그 결과 기업과 소비자 간에 힘이 역전되는 현상이 나타나 기업이 거래의 주도권을 소비자들에게 넘겨주고 있다. 소비자들은 이제 더 이상 봉이 아니다. 그들은 막강한 힘을 가진 거인으로서 기업 위에 군림하고자 한다. 소비자들이 가진 정보력과 영향력은 기업에게 약이 되기도 하지만 동시에 독이기도 하다. 그들은 제품 개발 아이디어나 개선책을 적극적으로 제시하고 제품 홍보 역할을 기꺼이 떠맡기도 하지만, 한편으로는 기업의 잘못에 대해 시정과 보상을 요구하거나 심지어 터무니없는 요구를 해대는 '막가파 소비자'로 둔갑하기도 한다.

디지털 시대에 두 얼굴을 가진 거인으로 군림하는 소비자에 대해 어떻게 대응할 것인가? 이를 위해서는 기업 주도의 마케팅에서 벗어나 소비자가 주도하는 새로운 마케팅 패러다임을 이해하고 그에 걸맞은 마케팅 활동을 전개할 수 있는 조직과 절차를 마련해야 할 것이다. 여기서는 소비 거인의 상반되는 두 가지 모습을 자세히 살펴보고 기업의 대응 방식을 구체적으로 모색해보기로 한다.

일반적으로 시장에서 팔리는 재화의 가격은 제조업체나 유통업체 같은 판매자가 결정하고 구매자는 이를 수용할지 말지를 결정한다. 그러나 재화의 가격을 소비자가 결정하는 쇼핑몰이 있다. 바로 프라이스라인(www.priceline.com)이다. 프라이스라인은 역경매라는 사업 분야를 성공적으로 개척한 대표적인 업체이다. 역경매는 공급업자나 판매업자가 구매자를 찾는 과거의 거래 방식과 달리 구매자가 자신이 원하는 거래 조건을 내놓고 살 사람을 찾는 방식이다. 과거 B2B 영역에서 입찰과 같은 형태가 있긴 했지만, 역경매는 거기서 한 발 더 나아가 구매자가 원하는 가격을 부르고 판매자가 이에 응하는 형태이다.

1996년 3월에 설립된 프라이스라인은 바로 이런 역경매 혹은 구매자 주도형 거래라는 새로운 분야를 개척했다. 주로 항공권이나 호텔 숙박권, 렌트카, 장거리 전화 서비스 등과 같이 재고가 불가능하며 경쟁이 치열한 서비스 상품을 취급하고 있다. 예를 들어 뉴욕 시내에서 3일간 숙박할 호텔을 정하고자 할 경우 숙박일자와 대략적인 지역 범위, 그리고 호텔 등급만 지정하고 나서 자신이 지불하고자 하는 숙박비를 통지하면 조건에 맞춰 객실을 제공할 수 있는 호

구매자 주도형 거래를 개척한 프라이스라인

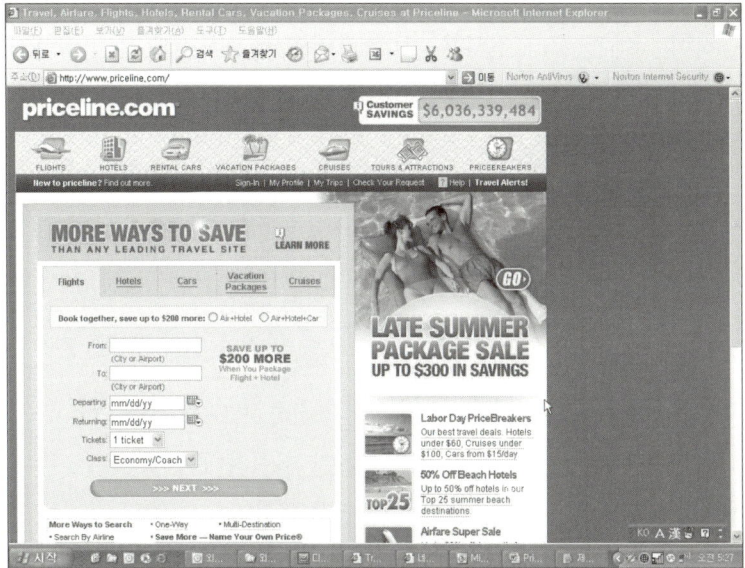

자료 : http://www.priceline.com

텔을 연결해주는 식이다. 구매자가 가격을 결정하는 이 혁신적인 비즈니스 모델은 소비자들에게 폭발적인 호응을 얻어 본격적인 영업 첫 해인 1998년에 곧바로 3,523만 달러의 매출을 올렸다. 프라이스라인은 여행 및 항공시장을 중심으로 사업을 펼쳐 2006년에 연 매출 9억 6,000만 달러를 기록하며 이 시장에서 입지를 확고히 하고 있다.

다나와(www.danawa.co.kr)는 컴퓨터에서 LCD/PDP TV에 이르기까지 가전제품 전반에 대한 가격 비교 사이트이다. 온라인 매장은 물론이고 용산전자상가, 테크노마트 등 오프라인 전문 매장까지 망라하여 제품의 가격을 비교해준다. 2005년 9월 1일부터는 식품, 패션, 도서 등 전 분야로 가격 비교 및 쇼핑 정보 서비스를 확대했다.

다나와가 PC 및 가전제품의 다양한 상품 정보와 가격 정보를 제공하여 인기를 끌자 소비자들이 오프라인 매장에 상품을 구입하러 가기 전에 다나와에서 가격을 미리 알아보는 것이 일반화되었다. 그러자 오프라인 매장의 상인들이 구체적인 정보로 무장한 소비자들에게 더 이상 바가지를 씌우기 어려워졌고, 점포 간 가격 인하 경쟁이 치열해지면서 먹고 살기 어렵다는 푸념이 쏟아지기 시작했다. 결국 PC용 주변기기나 부품은 일률적으로 마진을 1,000원만 붙여서 팔기도 하고, 또 어떤 점포는 다나와 사이트의 가격 비교 내용을 모니터로 보여주면서 자신의 점포가 가장 저렴하다는 것을 강조하며 고객을 끌어들이기도 한다. 다나와라는 가격 비교 사이트 덕분에 소비자들이 가격 결정의 주도권을 쥐게 된 것이다. 이는 디지털 경제에서 소비자들이 거래의 주도권을 쥐기 시작했다는 것을 의미한다.

지금까지 재화가 만들어지고 유통되는 경제 시스템에서 어떤 경제 주체가 주도권을 가지는가는 기술 혁신이 만들어내는 사회 구조의 변화에 따라서 변천해왔다고 할 수 있다. 산업혁명 이전 다수의 가내수공업에 의한 생산 구조에서는 유통의 중간 단계에서 생산물을 집하하여 이를 다시 각 소비처로 분산시키는 역할을 했던 도매상들이 경제 시스템을 주도하면서 가장 큰 이익을 얻었다. 이들은 한발 앞서서 획득한 산지의 생산 정보, 시장의 소비 정보를 바탕으로 생산물의 구입과 보관, 판매를 조절함으로써 막대한 부를 축적했고 이는 다시 생산과 판매를 통제하는 힘으로 작용했다.

경제 시스템에서 거래의 주도권 변화

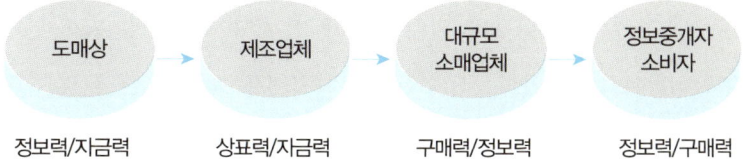

자료 : 오창호(2004. 11), "디지털 시대의 프로슈머 마케팅", KPC 최고경영자 포럼 발표 자료.

    그러나 산업혁명 이후 생산과 수송, 정보 전달(매체)의 각 분야에 혁신이 일어나면서 도매상 주도의 경제 시스템이 서서히 무너지기 시작했다. 공장에서 대량으로 상품을 생산할 수 있게 된 제조업체가 이를 뒷받침하는 철도라는 대량 수송 수단과 신문이라는 대중매체를 기반으로 소비자들 사이를 급속히 파고들어 시장을 주도해나갔다. 특히 대중매체 광고를 통해서 구축한 강력한 상표력, 즉 브랜드의 힘으로 소비자의 선택권을 좌우함으로써 상품 선택권에 기반을 둔 도매상들을 무력화시켰다.

    제조업체가 주도하던 이러한 경제 시스템은 대형 소매업체들이 등장하여 구매력을 키워가면서 변화하기 시작했다. 과거 자금력과 상표력을 가지고 소매업체들을 지배했던 제조업체들이 수많은 체인점을 기반으로 한 구매력과 시장 동향을 가장 먼저 파악할 수 있는 정보력으로 무장한 대형 소매업체에게 점차 주도권을 내주게 되었다. 미국에서는 1980년대 이래로 이러한 현상이 일반화되었으며, 우리나라의 경우에는 대형 소매업체들이 급격히 성장한 1990년대 후반부터 대형 소매업체의 경제 시스템 주도 현상이 두드러졌다.

그러나 인터넷과 IT 기술에 의해 정보혁명이 일어나기 시작한 1990년대 중반 이후부터 이러한 구조가 또다시 조금씩 변화하는 조짐이 나타나고 있다. 소비자들이 인터넷을 기반으로 정보를 공유하여 정보력과 대항력을 키워가면서 제조업체와 유통업체가 주도했던 기존의 거래 구조를 탈피하는 사례들이 하나 둘 늘고 있는 것이다.

앞에서 살펴본 프라이스라인과 다나와 사이트는 소비자들의 주도권 획득을 보여주는 대표적인 사례라고 할 수 있다. 이제 바야흐로 경제 시스템이 기업 주도형에서 구매자 주도형 거래 구조로 전환하고 있는 것이다.

디지털 시대의 소비자는 과거의 수동적 구매자에서 벗어나 적극적으로 정보를 탐색하고 제품을 평가하는 열정적이고 현명한 소비자이다. 이들은 인터넷을 통해 얻을 수 있는 객관적인 정보로 무장하고(정보력) 다른 소비자들과 연대하여 집단행동(대항력)을 하며 기업에게 막강한 영향력을 행사한다. 또 이러한 정보력과 대항력을 바탕으로 기업의 생산과 유통 과정에 참여하여 이를 주도하는 적극적인 참여자로 변신하고 있다. 바야흐로 슈퍼컨슈머(super consumer)가 경제 시스템의 새로운 주도자로 등장하고 있는 것이다.

Marketing Tip

소비자 편이 되는 기업만이 살아남을 수 있다

소비자들은 이제 예전처럼 수동적이고 고립된 존재가 아니다. 따라서 기업은 과거와 같이 정보의 불균형을 이용해서 소비자의 구매행동을 지배할 수 있다고 생각해서는 안 된다. 유통업자를 내 편으로 만들어 기업의 판매대리인 역할에 충실하게 만들면 매출이 보장된다는 착각에서 깨어나야 한다. 이제 시장은 소비자와, 그들이 원하는 것을 충실히 공급해주는 구매대리인의 역할을 하는 중개자들이 주도하고 있다. 프라이스라인이 그렇고 이베이와 옥션, 지마켓이 그렇다.

기업은 진정으로 소비자 편이 되어야 한다. 말로만 고객 중심 경영, 고객 지상주의를 외치면서 실제로는 기업 이익만 추구하는 상품을 시장에 내놓는다든지, 어떻게 하면 고객의 주머니를 더 털 수 있을까 하는 시각에서 고객을 관리해선 안 된다. 최고경영자가 판매 현장에 나가서 고객을 접대하는 쇼는 이제 그만두어야 한다. 진정으로 고객의 목소리에 귀를 기울이고, 그들이 원하는 상품을 개발하고 고객을 마케팅에 보다 다양하게 참여시켜야 한다. 슈퍼컨슈머의 힘에 맞서는 기업은 망하고 그들 편에 서서 파트너십을 구축하는 기업만이 흥할 것이다.

만들고 모으고
퍼트리면서 즐긴다
– 콘텐츠 만듦이와 정리꾼들

　경기도에 사는 18년차 주부 현진희 씨는 베비로즈라는 필명으로 더 유명하다. 현 씨는 자신이 운영하는 블로그(blog.naver.com/jheui13)에 다양한 요리법을 사진과 함께 소개해 네티즌들 사이에 화제가 되고 있다. 이 블로그는 하루 평균 방문자 수가 만여 명에 이르고, 2007년 7월 말 기준으로 1,186만 명이 다녀갔다.

　현진희 씨는 2004년부터 '로즈의 풀하우스'라는 이름으로 블로그를 열고 요리법과 살림 노하우를 올리기 시작했다. 복잡하지 않고 쉽게 따라할 수 있는 그의 요리법은 네티즌들에게 큰 호응을 얻었다. 2006년 2월에는 블로그에 쓴 글을 토대로 《베비로즈의 요리비책》을 출판하기도 했다.

　최근 들어 현진희 씨와 같이 기존의 지식 체계로부터 정보를 수

베비로즈의 요리비책 블로그

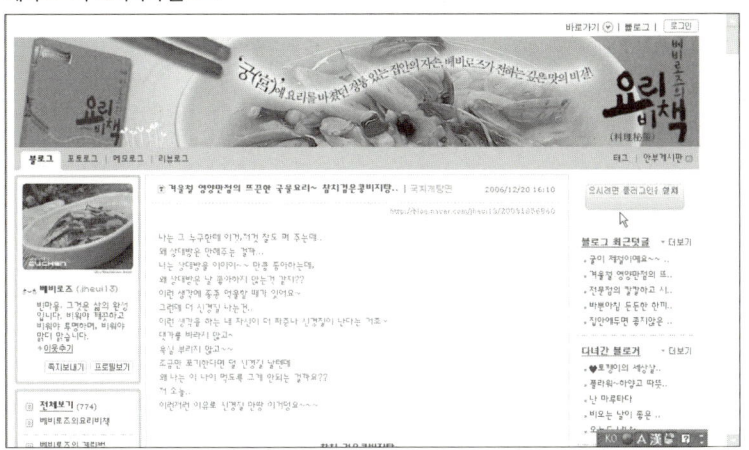

자료: http://blog.naver.com/jheui13

동적으로 얻는 자세에서 탈피하여 자신이 찾아내고 고안해낸 새로운 지식을 다른 이들에게 소개하는 콘텐츠 창조자들이 급격히 늘고 있다.

　미국 캘리포니아 주에 사는 36세의 고등학교 교사 조지 마스터스(George Masters)는 자기가 너무나 좋아하는 애플 사에서 아이팟 미니가 출시되자 이를 기념해서 광고를 만들기로 했다. 그는 여가 시간을 활용하여 어도비 포토샵이나 일러스트레이터 같은 일반적인 그래픽 소프트웨어를 사용해 5개월여 작업한 끝에 광고를 완성했고, 2004년 11월 말 자신의 블로그에 그것을 올렸다. 이후 마스터스 씨의 블로그를 방문한 사람들이 이 광고를 보고 감탄하여 다른 이들에게 알리면서 몇 주 만에 3만 7,000회가 넘는 시청 횟수를 기록하게 되었다. 이 일로 그는 유명세를 타면서 애플을 비롯한 기업 마케터들에게 주목받는 사례가 되었다.

기업이 알지 못하는 사이에 브랜드의 열성 전도 고객(evangelistic customer)이 스스로 다른 소비자들에게 브랜드를 알리는, 그것도 단순한 입소문 정도가 아니라 전문적인 마케팅 메시지를 만들어 퍼트리는 일이 벌어졌기 때문이다. 이제 광고도 마케팅 전문가의 전유물이 아니라 고객이 만들어 서로 공유하는 시대가 열린 것이다.

2005년 초부터 UCC 붐을 타고 소비자들의 동영상 공유 사이트가 급성장하고 있다. 해외에서는 유튜브(YouTube), 레버(Revver), 국내에서는 판도라TV, 풀빵닷컴 등이 대표적인 사이트이다. 여기서는 소비자들이 직접 만들거나 편집, 가공한 각종 동영상을 올려서 서로 공유하고 있다.

동영상 사이트 방문자 수가 급증하면서 기업들도 동영상 공유 붐을 적극적으로 활용하고 있다. 매체 광고 시간을 구매해서 소비자들에게 광고를 일방적으로 노출시켰던 방식에서 탈피하여 동영상 공유 사이트에 광고 동영상을 올려서 소비자들이 스스로 선택해서 시청하고 다른 소비자들에게 퍼트리도록 하는 방식을 적극 수용하기 시작한 것이다.

미국의 대표적인 동영상 공유 사이트인 유튜브에 올려진 기업 광고물만 해도 수만여 건이 넘으며 2006년 칸 광고제에서 사이버 부문 그랑프리를 수상한 폴크스바겐의 GTI 동영상 광고는 230만 회가 넘는 시청 횟수를 기록하고 있다(2007년 7월 말 현재).

휴대전화나 인터넷이 보급되기 전에는 주로 시장숙지자(market

maven)¹ 혹은 일부 의견선도자(opinion leader)들이 전문 지식을 바탕으로 제품 평가 정보나 사용 후기를 소개하면 일반 소비자들이 이를 수용하는 2단계의 일방향적이고 계층적인 구조였다. 그러나 디지털 환경에서 정보와 거래의 주도권을 쥐게 된 슈퍼컨슈머들은 보다 적극적으로 제품 정보나 사용 후기를 만들어내고 이를 다른 소비자들과 공유하면서 정보와 콘텐츠의 흐름을 양방향적이고 수평적인 구조로 바꿔가고 있다.

이처럼 새로운 정보 네트워크에서 슈퍼컨슈머들은 제품에 대한 평가와 의견, 새로운 콘텐츠를 적극적으로 만들어내거나 수정 또는 편집하고(creator/modifier), 여러 곳에 흩어져 있는 관련 정보를 모아서 다른 사람들이 쉽게 퍼갈 수 있도록 하며(connector), 웹상에서 찾은 재미있고 유익한 정보나 콘텐츠를 다른 이들에게 알리며 서로 즐긴다(communicator). 디지털 시대의 슈퍼컨슈머들은 이처럼 만들고 모으고 퍼트리면서 즐기는 C3의 특성을 지니고 시장을 주도해나간다.

과거에 비해 정보 획득의 기회와 범위가 증가하고 자기표현의 기회가 늘어나면서 분야별로 소비 관련 정보나 콘텐츠를 적극적으로 만들어내는 콘텐츠 만듦이(creator/modifier)도 늘어나고 있다.

2006년 6월 한국인터넷진흥원의 "웹 2.0 시대의 네티즌 인터넷

---

1. 'market maven' 이란 개념은 페익과 프라이스(Feick and Price, 1987)가 《저널 오브 마케팅(Journal of Marketing)》에 기고한 논문에서 처음 소개했다. 이는 해당 제품 및 시장에 높은 관여도를 보이면서 최신 지식을 가지고 주변 사람들에게 적극적으로 영향력을 행사하는 사람을 의미한다.

이용 현황"에 따르면, 우리나라의 경우 전체 인터넷 이용자의 91%가 카페/동호회, 블로그/미니홈피, 게시판/댓글달기, 퍼나르기 등 사용자 참여 수단 중 적어도 한 가지 이상을 이용하고 있는 것으로 나타났다. 그리고 이 가운데 본인이 직접 제작한 콘텐츠를 인터넷에 게시한 경험이 있는 이용자는 43%, 주 1회 이상 콘텐츠를 게재하는 이용자도 37%에 이르러 콘텐츠 만듦이의 비율이 외국에 비해 매우 높은 것으로 밝혀졌다.[2]

이러한 콘텐츠 만듦이들은 블로그나 커뮤니티에 제품을 소개하거나 평가하는 소비 관련 정보를 올려놓고 기업의 마케팅 콘텐츠나 광고물을 가공 또는 패러디하여 게시함으로써 기업의 마케팅 활동을 지원하는 원군 역할을 하기도 하고, 그와 반대로 이를 방해하는 훼방꾼이 되기도 한다. 실제로 요리 블로그(blog.empas.com/happymc)를 운영하는 이효연 씨는 우연히 거리에서 발견한 유명 주방용품 브랜드인 르크루제(LeCrueset) 매장을 블로그에 소개하여 르크루제 홍보에 큰 도움을 주었다. 영화배우 장동건이 출연한 하이트 맥스의 광고를 한 네티즌이 〈야인시대〉 스타일로 재미있게 패러디하여 하이트를 즐겁게 한 경우도 기업 마케팅에 도움을 준 사례라고 할 수 있다. 반면에 2006년 롯데월드 무료 개방 사고를 비꼬는 '새벽의 저주' 라는 패러디 동영상을 만들어 롯데월드 홍보 담당자의 간

---

2. 2006년 7월 "Pew Internet & American Life Project"의 "Bloggers" 보고서에 따르면 미국의 경우 블로그를 가지고 있는 사람은 8%, 자신이 만든 콘텐츠(글, 사진 등)를 타인과 공유하는 사람은 26% 수준인 것으로 나타났다.

하이트 맥스 광고를 패러디한 동영상

자료: http://www.pullbbang.com

담을 서늘하게 한 것은 그 반대의 사례라고 할 수 있다.

콘텐츠 만듦이의 영향력이 커지면서 이들을 마케팅에 활용하는 사례도 증가하고 있다. 대표적으로 나이키 사는 2004년경부터 계열 브랜드인 컨버스(Converse)에 대해 소비자가 만드는 광고를 공모했는데 그동안 1,800편이 넘는 광고물이 들어왔다. 나이키 사는 그 중에서 선정한 20여 편에 대해 1만 달러의 상금을 지급하고 MTV 등에

컨버스의 소비자 제작 광고 'Made by You' 페이지

자료: http://www.converse.com

정식 컨버스 광고로 방영했다.

　콘텐츠 만듦이와 같이 소비 관련 정보를 직접 생산하거나 가공하기가 쉽지 않으므로 일부 소비자들은 웹상의 특정 주제나 상품 관련 콘텐츠를 모아서 정리하는 역할을 통해 소비자 간의 정보 공유에 기여한다. 이러한 사람들을 콘텐츠 정리꾼(connector)이라 할 수 있다.

　온라인과 오프라인에서 행해지는 각종 이벤트 관련 정보를 제공하면서 응모 방법이나 당첨 비법을 공유하는 이른바 경품 카페는 콘텐츠 정리꾼들의 대표적인 모임이다. 포털사이트 다음에는 경품 정보를 공유하는 카페만도 700여 개가 넘는다. 경품 정보만을 전문으로 공유하는 카페 중 규모가 가장 큰 '경품으로 살림 장만하는 사람들(cafe.daum.net/daumgift)'에는 2007년 7월 말 현재 15만 8,000여 명이 회원으로 가입하여 활동하고 있다.

　또한 재테크 관련 정보를 공유하는 '맞벌이부부 10년 10억 모으기(cafe.daum.net/10in10)' 카페는 2001년에 설립되어 현재 회원 수가 50여만 명에 육박하는 대형 동호회로 성장했다. 여기서는 재산 증식을 위한 주식, 펀드 등 금융 정보와 부동산 정보, 관련 서적과 자료 등 유용한 재테크 정보를 정리하여 서로 공유하고 의견을 나눔으로써 회원들에게 도움이 되는 지식을 제공하고 있다.

　대부분의 인터넷 사용자들은 콘텐츠 만듦이나 정리꾼들이 올려놓은 각종 정보와 콘텐츠를 즐기며 다른 이들에게 퍼트리는 역할을 하고 있다. 이들을 펌꾼(communicator) 또는 즐김이(consumer)라 할 수 있다.

2006년 6월 한국인터넷진흥원이 발표한 "웹 2.0 시대의 네티즌 인터넷 이용 현황"에 따르면, 우리나라 인터넷 사용자 중 62%는 인터넷에 게시된 글이나 뉴스 등 콘텐츠를 퍼나른 경험이 있으며, 다른 사람이 제작한 콘텐츠를 이용한 경험이 있는 사용자도 72%에 이르는 것으로 나타났다.

펌꾼과 즐김이들은 콘텐츠 생성에는 직접 참여하지 않지만 자신들이 가치 있다고 여기는 콘텐츠를 주위에 퍼트림으로써 콘텐츠의 전달과 유포에 크게 기여하고 있다.

최근 들어 마케팅 커뮤니케이션에서 인터넷 이용자 간의 연결고리 역할을 하는 정리꾼들과 콘텐츠를 퍼나르는 펌꾼들을 적극 활용하는 사례가 늘고 있다. 대표적인 성공 사례는 BMW의 단편영화 시리즈 〈The Hire〉이다. 2001년부터 리안, 왕자웨이 등 유명 감독에 의해 6~8분짜리 영화가 모두 8편 만들어졌고 이것들은 인터넷을 통해서만 배포되었다. 이 영화들은 누적 조회수가 4,000만 회 이상을 기록했을 정도로 홍보 효과가 매우 컸다. 오우삼 감독의 〈인질(Hostage)〉, 가이 리치 감독의 〈스타(Star)〉 등 대표작에는 BMW 주요 차종들의 매력을 한껏 느낄 수 있는 장면들이 삽입되어 소비자들이 영화를 즐기면서 BMW에 흠뻑 빠져들게끔 했다.

국내에서는 2003년에 유행한 '○○쏭' 시리즈를 제품 홍보에 접목한 것이 본격적인 브랜디드 콘텐츠(branded content)의 사례라고 할 수 있다. 마케팅 도구로서 당시 배포된 브랜드 쏭들을 보면 '로플

크라운제과의 '미인블랙쏭' 플래시 동영상

자료: http://flash.kids.empas.com/flash.html?t=song&s=new_comicsong&n=2055

쏭', '피망쏭', '야채야쏭', '빼빼로쏭', '판피린쏭', '미인블랙쏭', '바나나쏭', '쌀보리쏭' 등 20여 가지에 이른다.

특히 2004년 4월에 '미인블랙'을 출시한 크라운제과는 4월 14일 블랙데이를 활용한 '미인블랙쏭'을 플래시 동영상으로 만들어 큰 효과를 보았다. 2005년에는 삼성전자 애니콜이 브랜디드 콘텐츠를 대대적으로 선보였다. 3월에 시작한 'AnyMotion' 캠페인에서는 인기 가수 이효리와 에릭이 출연한 12분짜리 동영상이 초기 9일간 조회수 35만 회를 기록하고 2만 4,000건이나 다운로드되었다. 그리고 10월에 'AnyClub', 12월에 'AnyStyle' 시리즈로 이어지며 소비자들 사이에 화제가 되었다. 삼성 애니콜의 펌 활용 전략은 2006년에도 계속되어 애니콜랜드 웹사이트에 공개된 '애찾사 시리즈'가 하루 만에 조회수 31만 3,100회를 기록했고, 애니콜 Fx폰을 소재로 한 50초짜리 미니드라마 '준기의 4색 전략'도 공개 10일 만에 조회수가 150만 회에 달했다.

Marketing Tip

만듦이를 적극 발굴하고 활용하라

기업은 창의적이고 신선한 아이디어와 브랜드에 대한 열정으로 무장한 만듦이들을 적극 발굴하여 마케팅에 도움이 되는 콘텐츠를 기획, 제작하는 조력자로 활용해야 한다. 2006년경부터 불어닥친 UCC 열풍과 맞물려 쿠어스 라이트, 마쓰다 자동차, 메르세데스벤츠, 마스타카드, 코카콜라 등 앞서가는 많은 기업들이 소비자가 만드는 광고 이벤트를 진행하여 콘텐츠 만듦이를 발굴하고 이들의 아이디어를 적극 활용하고 있다.

정리꾼과 펌꾼들에게 브랜디드 콘텐츠를 제공하라

정리꾼과 펌꾼들은 재미있고 유용하다고 생각되는 콘텐츠들을 적극적으로 퍼트리는 역할을 하고 있다. 기업은 이들의 성향을 파악하여 소비자들이 좋아할 만한 콘텐츠에 마케팅 메시지를 살짝 담은 브랜디드 콘텐츠를 제작, 배포하는 전략을 적극적으로 펼쳐야 한다. 브랜디드 콘텐츠가 주목을 받으면서 2006년에는 LG텔레콤이 '삶의 소중한 순간들 Shine Moment 에피소드'를 선보인 것을 비롯해 BMW의 국내용 'BMW Meets Truth' 시리즈, 올림푸스의 '보아와 뮤의 사랑 이야기', 기아자동차 로체의 애드 무비 '아이덴티티' 등 기업의 활용 사례가 급증하고 있다. 최근에는 도요타자동차가 2007년형 '캠리'를 홍보하기 위해 1,000만 달러를 들여 세계 최초로 모바일용 동영상 코미디 시리즈 'The Pool'을 제작, 배포한다는 계획을 발표했다.

제품 기획에서 유통까지
직접 참여하는 신프로슈머
— 프로슈머에 대한 시각을 바꿔라

타노미닷컴(www.Tanomi.com)은 1999년 12월에 문을 연 일본 최대의 소비자 요청형 쇼핑 사이트이다. 이 사이트는 소비자의 상품 아이디어를 기반으로 수주 생산 시스템에 의해 상품을 개발, 판매하고 있다.

타노미닷컴이 기존의 쇼핑몰과 다른 점은 이미 완성된 상품들을 가져다가 구색을 갖추어 판매하는 것이 아니라 소비자의 제안에 따라 기획, 생산된 상품만을 판매한다는 점, 그리고 상품의 실제 생산 및 판매 여부를 선주문 형태로 소비자들이 최종 결정한다는 점이다.

타노미닷컴은 사이트 개설 이후 7년 동안 소비자의 요청에 따라 총 242건(2007년 7월 현재)의 상품 개발이 이루어졌으며, 지금까지 축적된 40만 건이 넘는 상품 아이디어 및 의견을 바탕으로 상품 개발 컨설팅이나 마케팅 업무도 위탁받아 수행하고 있다.

그동안 소비자의 요청에 따라 기획, 생산한 제품 중에는 휴대전화용 가상 키보드, 다이얼 전화기 모양의 휴대전화 커버, 원목 키보드, 유리로 된 퍼즐, 휴대전화용 세계 최소형 프린터, 원음 재생력이 뛰어난 필름형 스피커, 벚꽃잎에서 추출한 효모로 담근 맥주, 거미 모양의 옷걸이, 콤팩트형 DVD 플레이어 등 특이한 것들이 많다.

타노미닷컴은 세 부문으로 이루어져 있다.

타노미닷컴에서 기획, 생산된 상품들

자료 : http://www.tanomi.com

첫째, 'Request Board'는 타노미닷컴의 가장 핵심적인 영역으로 회원들이 상품 기획안이나 개발 요청 내용을 투고하면 이에 대해 다른 회원들이 찬성 여부나 의견을 올려 그것을 보다 정교하게 다듬어 가는 일종의 브레인스토밍 룸(brainstorming room)이다. 'Request Board'에 올라온 상품 기획 및 개발 요청안은 신상품을 개발할 때 참고자료가 된다. 찬성표나 의견을 많이 획득한 기획안이 반드시 상품화되는 것은 아니다. 이것은 공개 게시판이므로 회원들이 올린 기획안 및 아이디어를 다른 기업이 참고해서 상품을 개발하는 경우도 있다.

둘째, '타노미닷컴 숍'은 위와 같은 과정을 거쳐 만들어진 타노미닷컴만의 오리지널 상품이나 타노미닷컴 직원들이 발굴한 상품들을 판매하는 인터넷 쇼핑몰이다. 여기서 판매하는 상품은 세 가지 유형으로 나눌 수 있다. 바로 주문하여 구입할 수 있는 직매상품(개발을 이미 마쳐 정상적인 생산 및 판매 과정에 들어갔거나 외부에서 조달해와서 판매함), 구매 예약을 하여 구입하는 예약상품, 그리고 가주문량이 일정량에 달했을 때 생산을 개시하는 수주상품이 그것이다.

마지막으로 'Special Board'는 여러 기업의 상품 아이디어 요청에 타노미닷컴 회원들이 참여하여 의견을 제시하는 인터넷 기획회의실이다. 각 기획회의실에는 기업들의 기획 아이디어 모집 내용이 상세하게 게시되어 있으며, 회원들이 의견이나 아이디어를 자유롭게 제시하면 그 내용에 따라 다양한 상품과 보상을 받을 수 있는 구조로 되어 있다.

상품 기획 아이디어가 찬성표를 많이 얻으면 구체적으로 상품 개발을 검토하게 되는데, 이때 개발이 결정되면 타노미닷컴이 제조업체를 수배하여 상품화를 추진한다. 상품화 과정은 회원들에게 모두 공개하여 현재 어떤 단계인지 회원들이 알 수 있도록 한다.

시제품 개발을 마쳐서 상품화 계획이 확정되면 생산 개시를 위한 최소 주문 단위와 예상 가격을 산출하고 이를 토대로 일정 기간 구매 예약을 받는다. 구매 기간 내에 최소 주문 단위 이상의 가주문이 이루어지는 경우 최종 생산에 들어가고, 만일 가주문량이 최소 생산 단위 이하이면 생산이 보류된다. 즉 타노미닷컴의 제품 개발 및 생산은 소비자들 간의 아이디어 교환과 논의, 심화 과정을 통해 시장에서 호응을 받을 수 있는 상품을 찾아내서 상품화하는 구조로 되어 있다.

타노미닷컴의 회원들과 같이 제품의 기획에서 생산, 유통의 전 과정에 주도적으로 참여하는 이들을 신프로슈머라고 할 수 있다.

'프로슈머(prosumer)'라는 말은 1971년 앨빈 토플러(Alvin Toffler)가 《미래쇼크》라는 저서에서 처음 사용했다. 그 의미는 '생산자적 기능을 수행하는 소비자'로, 제2의 물결 사회(산업사회)의 양 축인 공급자와 소비자 간 경계가 점차 허물어지면서 소비자가 제품 개발과 유통 과정에도 직접 참여하는 '생산적 소비자'로 거듭나는 것을 뜻한다. 산업혁명 이전의 소비자들은 자기가 원하는 것을 자기가 직접 생산해야 했으므로 어떻게 보면 프로슈머는 '오래된 미래'이기도 하다.

1970년대에 개념적인 용어로만 쓰이던 프로슈머는 1990년대 중반에 일어난 디지털 혁명으로 인해 점차 그 존재가 부각되기 시작했다. 인터넷이 가져다준 힘을 이용해 제품의 생산 및 유통 과정에 보다 적극적으로 참여함으로써 더 큰 만족을 추구하고 자부심을 느끼는 소비자들이 늘어나기 시작한 것이다. 그러나 기업들은 소비자의 이러한 본질적 변화를 충분히 깨닫지 못하고 프로슈머를 단순한 판촉 대상이나 제품 개발 아이디어를 수집하는 도구로만 인식했으며 소비자들도 여기에 수동적으로 부응하는 데 그쳤다.

그에 비해 최근에 새롭게 등장한 슈퍼컨슈머는 제품 기획에서 생산, 유통에 이르는 전 과정에 적극적으로 참여하여 자신이 원하는 것을 추구하고 직접 만들어내기도 하는 신프로슈머로서 과거의 프로슈머들과는 확연히 구분된다.

이제 기업은 프로슈머에 대한 시각을 신프로슈머의 관점으로 바꿔야 한다. 프로슈머는 제품의 판촉 대상이 아니라 시장과 거래 구조를 변화시키는 중요한 힘으로 성장했으며, 제품 개발에서부터 마케팅의 전 과정에 참여하여 영향을 미치고 있다. 한편, 프로슈머는

프로슈머와 신프로슈머의 비교

	프로슈머	신프로슈머
참여 동기	보상 > 자기만족	자기성취 > 보상
참여 범위	제품 기획 중심	자본, 기획, 생산, 유통, 서비스 등 전 분야
참여 형태	아이디어 제공 중심	아이디어 및 의견 제시, 직접 생산
기업과의 관계	수동적 협력자	적극적 파트너이자 경쟁자

자료 : 오창호(2004. 11), 앞의 글.

프로슈머에 대한 시각 전환

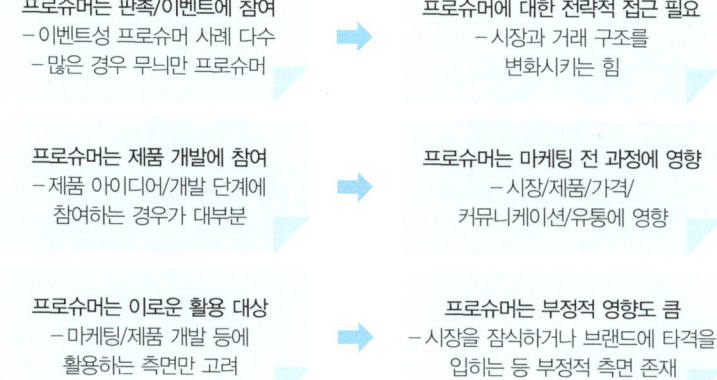

자료 : 오창호(2004. 11), 앞의 글.

기업에 이로운 역할만 하는 것이 아니라 경쟁자로서 시장을 잠식하거나 브랜드 이미지에 심각한 타격을 입히는 등 부정적 영향을 끼칠 수도 있다는 점을 인식해야 할 것이다.

기업이 프로슈머를 잘 활용하면 다음과 같은 효과를 기대할 수 있다.

첫째, 고객 만족도를 높일 수 있다. 소비자가 제품 개발 등 마케팅 과정에 직접 참여함으로써 그들의 요구사항을 반영한 맞춤상품을 공급할 수 있기 때문이다. 비록 제품 개발에 반영되지 않더라도 소비자는 의견 제시만으로도 충분히 만족감을 느낄 수 있다.

둘째, 정보 수집 및 마케팅 비용을 절감할 수 있다. 신제품을 개발할 때 필요한 정보 수집 비용과 제품 설계 미숙으로 인한 마케팅 비용의 낭비를 피할 수 있다. 생산, 유통, 홍보, 광고 단계에서 소비자의 참여는 해당 활동의 마케팅 비용을 줄여준다. 아이리버 유저 클럽, '노트북 인사이드(www.nbinside.com)'의 노트북 브랜드별 게시물 등이 그러한 예이다.

 셋째, 시장과 고객을 선점할 수 있다. 얼리어답터와 시장숙지자 등의 핵심 고객을 확보하는 경우 이들로부터 시작되는 시장을 선점할 수 있고 입소문 효과 등을 통해 시장에서 지위를 확보하기가 용이하다.

 디지털 시대에 앞서가는 우리나라 소비자들은 신프로슈머의 성향이 강한데 이는 기존 제품에 대한 다양하고 활발한 의견 교환, 그리고 신제품에 대한 빠르고 정확한 반응으로 나타난다. 이에 따라 우리나라를 글로벌 테스트베드로 활용하는 외국 기업들이 점차 늘고 있다.

Marketing Tip

신프로슈머를 마케팅의 전 과정에 주도적으로 참여시켜라

신프로슈머는 과거의 프로슈머에 비해 매우 광범위하고 깊이 있게 제품 기획과 개발에 참여하고 있다. 과거의 프로슈머가 신제품에 대한 아이디어를 수동적으로 제공하는 수준에 그쳤다면, 신프로슈머는 보다 적극적으로 신제품을 요구하고 때로는 제품을 스스로 만들어내기도 한다.

신프로슈머는 생산 및 제조 과정에도 직접 개입한다. 도소매 유통 단계를 거치지 않고 온라인상에서 직접 주문함으로써 유통의 역할을 일부 수행하면서 생산 계획에도 영향을 끼친다. 또 원하는 사양을 선택하는 맞춤 주문을 통해 제품별 생산량의 조절에도 개입하고 있다. 이에 대응하여 많은 기업이 맞춤상품의 공급을 늘리고 있다. 최근에는 개별 소비자의 건강 상태와 식습관에 대응한 맞춤 비타민을 판매하는 회사까지 등장했다.

앞에서 살펴보았듯이 광고나 마케팅 커뮤니케이션에도 소비자들의 참여 사례가 늘고 있다. 소비자들을 광고에 참여시켜 그들의 아이디어와 참신성, 신뢰성을 적극 활용할 필요가 있다.

제품 판매 후에도 소비자와 적극적으로 상호작용하라

신프로슈머는 제품을 구매하기 전 정보를 수집하는 데 매우 적극적이다. 어떤 제품이 내가 원하는 사양인지, 그것을 어디서 구입하는 것이 유리한지 등의 정보를 다른 소비자들로부터 입수하여 이를 토대로 구매를 결정한다. 또 자신의 구매 경험과 사용 후기를 다른 소비자들에게 적극적으로 알려 현명한 소비를 하도록 돕는다. 최근에 디지털카메라 상권이 용산에서 남대문 주변으로 이전한 것도 소비자들이 이런 식으로 상호작용한 결과이다.

UMPC 마니아 동호회인 '워크피씨닷컴(www.walkpc.com)'은 자신들이 사용하고 있는 소형 노트북에 대한 의견을 수렴하여 새로운 모델의 개발을 주도했다. 후지

쯔 노트북 P-1510 모델 사용자들은 P-1510의 장점을 최대한 이끌어낼 수 있는 활용서 제작에 참여하여 일반 노트북 사용자들에게 P-1510 모델의 특장점을 소개했다. 그리고 더 나아가 P-1510 모델의 기능상 보완점과 개선점을 건의함으로써 후지쯔의 새로운 모델인 P-1610의 출시에 크게 기여했다.

첨단 디지털 기기뿐 아니라 일상용품이나 서비스에 대한 평가 및 의견 공유를 마케팅에 활용하는 사례도 늘고 있다. 육아 포털 '해오름(www.haeorum.com)'은 육아 관련 정보, 특히 돌잔치 장소, 돌사진, 답례품, 행사 진행 등의 정보를 공유함으로써 돌잔치 관련 업계에서 주목받고 있으며, '아줌마닷컴(www.azoomma.com)'도 주부들의 상품 평가 정보를 마케팅에 활용하도록 연결하는 대표적인 사례이다.

슈퍼컨슈머의 자기표현
― UCC와 1인 미디어가 마케팅을 좌우한다

 2006년 여름, 콜라에 멘토스를 넣으면 마치 분수처럼 콜라가 솟아오르는 현상을 다양하게 연출한 동영상들이 미국에서 유행했다. 누가 먼저 동영상 사이트에 올리기 시작했는지 명확한 자료를 찾기 어렵지만, 대략 2006년 2월부터 이러한 동영상이 하나 둘 올라오며 콜라와 멘토스의 화학 반응에 의한 분수 효과를 다양하게 연출하는 경쟁이 벌어지면서 대유행이 되었다.

 그 중의 백미는 프리츠 그로브(Fritz Grobe)와 스티븐 볼츠(Stephen Volts)가 이피버드닷컴(www.eepybird.com)에 올린 동영상이다. 그들은 2리터짜리 다이어트 콜라 101병과 멘토스 523개를 사용하여 라스베이거스 벨라지오 호텔의 대분수를 흉내 낸 실험 동영상 'Diet Coke & Mentos Experiment'를 제작했다. 이 동영상은 레버닷컴(www.

revver.com)을 통해 전파되어 2006년 11월 말까지 400만 회에 가까운 시청 횟수를 기록했다.

콜라와 멘토스를 이용한 이 실험은 많은 소비자들 사이에 유행처럼 번져서 대표적인 동영상 공유 사이트인 유튜브만 해도 2006년 11월 중순까지 5,800건이 넘는 실험 동영상이 올라왔다. 코라콜라나 멘토스와는 전혀 관계없는 소비자들이 주도한 이 실험의 유행은 특히 상대적으로 미국 시장에서 인지도가 높지 않았던 멘토스 사에게 커다란 홍보 효과를 안겨주었다.

이와는 정반대로 기업의 이미지에 심각한 타격을 입힐 수 있는 소비자 제작 동영상이 화제가 된 경우도 있다.

2006년 3월 26일, 롯데월드 무료 개방 행사에 6만여 명의 시민이 한꺼번에 몰려 35명이 다치는 사고가 발생했다. 놀이기구 '아틀란티스'에서 발생한 사망 사고에 대해 사과하는 뜻으로 원래 6일 동안 무료 개방하기로 했으나, 행사 첫날인 26일에 관람객들이 한꺼번에 몰려 입장하는 과정에서 35명이 다치는 사고가 발생한 것이다. 이 사고에 대해 네티즌들은 롯데월드를 강하게 비난했다. 특히 사고 원인을 시민의식의 부족으로 돌린 롯데월드 측에 분개하여 항의하는 서명운동까지 벌였다. 네이버의 롯데월드 안티 카페는 무료 개장 행사를 "고객 사은 행사가 아닌 고객 사고 행사"라고 비꼬는 등 부정적인 여론이 확산되었다.

그 중에서 네티즌들의 눈길을 끈 것은 공포영화 〈새벽의 저주〉 예고편에 롯데월드 무료 개방으로 혼란스러웠던 현장의 영상을 합성해 만든 패러디 동영상 '새벽의 롯데'이다. 롯데월드 측의 무성의와 무책임을 적나라하게 비꼬는 이 패러디 동영상은 풀빵닷컴에 올려진 뒤 상호공유를 통해 수많은 네티즌들에게 배포되었다.

이와 같은 사용자 제작 콘텐츠인 UCC(외국에서는 'user-generated content'라는 용어가 더 보편적이다)가 2006년부터 인터넷 비즈니스와 마케팅의 화두로 떠올랐다. 초고속 인터넷 등 인터넷 인프라의 보급, 고사양의 디지털카메라와 사용이 편리한 동영상 편집도구의 확산 등 동영상을 만들고 공유하기 쉬운 환경이 조성되면서 네티즌들이 직접 만든 동영상을 웹사이트에 올려서 서로 공유하는 경우가 크게 늘어났다. 그리고 이로 인해 국내의 판도라TV, 아프리카, 네이버 동영상, 엠군을 비롯하여 미국의 유튜브 등 UCC가 다음 세대의 인터넷 비즈니스로 주목받고 있다.

기업들도 마케팅에 UCC를 적극 활용하기 시작했는데, 그 대표적인 사례가 UCC 광고 공모전이다. 2007년 상반기에만 국내에서 100여 개가 넘는 UCC 광고 공모 캠페인이 전개되었으며, 소비자의 신선하고 창의적인 아이디어가 담긴 많은 광고 동영상이 선을 보였다.

넓게 보면 UCC란 동영상뿐 아니라 사용자들이 만들어내고 공유하는 모든 지식과 아이디어, 제작물을 포함하며 여기에는 당연히 제품의 구매 및 사용 후기, 리뷰, 질문과 응답, 댓글 등이 포함된다. 따라서 UCC는 새로운 것이 아니며 인터넷이 보급되던 초창기부터 인터넷 사용자들의 모든 행위의 결과물로 축적되어 왔다고 할 수 있다.

UCC가 마케팅에서 특히 주목받는 이유는 과거 기업이 주도적으로 제공했던 정보나 콘텐츠가 가지지 못했던 네 가지 속성을 가지고 있기 때문이다.

첫째, UCC는 높은 신뢰성을 가지고 있다. 수익을 목적으로 하는 기업이 아닌 나와 같은 처지에 있는 소비자의 이야기이므로 콘텐츠의 내용에 대해 믿음이 가는 것이다.

둘째, UCC는 기업이 제공하는 콘텐츠에 비해 다양성 면에서도 훨씬 풍부하다. 기업에 속한 몇몇 전문가만이 아니라 일반 소비자 속에 있는 수많은 전문가들이 각기 자신의 전문 분야에 대해 다양한 시각과 지식을 기반으로 콘텐츠를 만들어내므로 그 내용이 다채로울 수밖에 없다.

셋째, 전문성이나 정보의 깊이 면에서도 우수하다. 기업이 만들어내는 콘텐츠는 비교적 넓은 영역에 걸쳐 얕은 정보를 담는 경우가 많지만, UCC는 각 분야에서 특화되고 깊이 있는 지식을 가진 전문가들이 만들어내는 경우가 많으므로 훨씬 전문적이고 심화된 콘텐츠를 접할 수 있다.

넷째, 콘텐츠의 갱신에서 신속성을 확보할 수 있다. 수많은 소비자들이 선의의 경쟁을 통해 시장의 변화에 대해 빠른 반응을 보이게 되므로 기업이 만들어낸 콘텐츠보다 훨씬 생생하고 신선한 내용이 많다.

UCC는 마케팅의 여러 영역에서 다양하게 활용할 수 있다. 사용자들이 자신들의 공간에 이미 만들어놓은 수많은 콘텐츠를 찾아서 분석하고 이를 마케팅에 반영하는 간접적인 활용뿐 아니라, 기업이

UCC의 활용 유형

	간접적	직접적
제품/가격	제품 개발시 정보 수집 (블로그/게시판)	제품 기획, 디자인 공모
마케팅 커뮤니케이션	광고 아이디어 수집 광고에 대한 반응 및 평가 수집	광고 기획, 디자인 참여 광고 제작 참여 홍보 동영상 전파/바이럴 마케팅 블로그를 활용한 제품 소개
판매/유통	출시 제품의 시장 반응 수집	판매활성화

자료 : 오창호(2006. 12), "웹 2.0 마케팅 패러다임과 기업의 UCC 활용전략", WEB World conference 2006 발표 자료.

사용자들의 참여와 콘텐츠 생성을 촉진하는 직접적인 활용에 이르기까지 다양한 활용이 가능하다. 특히 제품 개발에 필요한 정보의 수집이나 제품 기획 공모, 광고 기획 및 제작에 소비자를 직접 참여시키는 등 이미 많은 기업에서 UCC를 활용하고 있다.

예전에는 소비자들의 의견이나 취향을 알고 싶으면 기업이 직접 소비자 조사를 실시하여 고객의 반응을 일일이 청취해야 했다. 그러나 이제 소비자들이 적극적으로 자기를 표현하고 이야기하는 장들이 많이 생겨남으로써 그들의 이야기를 청취하기가 한결 쉬워졌다. 소비자들이 어떤 것을 원하는지, 기존 제품에 어떤 불만이 있는지를 잘 파악하여 제품 개발이나 커뮤니케이션 및 유통 전략 설계에 반영할 수 있다. 폴크스바겐은 신차를 개발할 때 어떤 기술을 적용할 것인가를 결정하기 위해 테크다트(Techdart)라는 전문 모니터링 회사에 의뢰하여 자동차 관련 인터넷 게시판에서 어떤 기술들이 화제가 되고, 또 관심을 끌고 있는가를 분석했다.

제품 개발이나 광고 기획, 제품 판매를 위한 정보 제공이나 소개 단계에서 소비자들의 참여와 콘텐츠 생성을 유도하는 것은 더 이상 새로운 일이 아니다. 많은 기업이 마케팅의 여러 단계에 소비자들을 참여시킴으로써 더 참신하고 고객지향적인 마케팅을 전개하고 있다. 여기서 더 나아가 소비자가 자신의 블로그나 미니홈피를 통해 자발적으로 제품을 소개하도록 유도하고, 제휴 프로그램이나 상품 북마크 사이트를 이용하여 판매를 활성화하는 사례도 증가하고 있다.

Marketing Tip

먼저 소비자의 이야기에 귀 기울여라

UCC를 마케팅에 활용한다고 하면 광고 제작이나 제품 소개 동영상을 만들고 이를 퍼트리도록 장려하는 것을 떠올리기 쉽다. 하지만 더 중요한 것은 인터넷의 수많은 접점에서 이미 쏟아지고 있는 소비자들의 이야기에 귀를 기울이고 이를 분석하여 마케팅에 반영하는 것이다. 앞으로 마케팅에서 더욱 큰 비중을 차지할 것은 기업이 소비자에게 발신하는 정보와 메시지가 아니라 소비자들이 인터넷에서 서로 공유하며 기업에게 이야기하는 정보와 메시지가 될 것이다. 따라서 기업은 외부에서 자연 생성되는 소비자 정보를 신속 정확하게 수집, 분석하여 이를 업무 프로세스에 반영하고 그 결과에 신속하게 반응하는 체제를 갖춘다면 고객주도형 마케팅 패러다임에서 보다 효율적인 마케팅이 가능할 것이다.

콘텐츠나 아이디어를 쉽게 만들어 올리게 하라

기업에 도움이 되는 UCC가 많이 생성, 전파되도록 하기 위해서는 우선 소비자가 이야기를 쉽게 털어놓을 수 있는 환경을 만들어주어야 한다. 기업이 운용하는 인터넷 접점들, 즉 웹사이트나 미니홈피, 블로그 등을 역할에 따라 명확히 분류해서 운용할 필요가 있다. 특히 기업의 눈높이가 아니라 소비자의 눈높이에서 기업-소비자의 상호작용, 소비자-소비자의 상호작용이 활발하게 일어나도록 해야 한다. 이러한 환경이 갖추어진다면 소비자는 편안한 분위기에서 부담 없이 자기 이야기를 만들어내며 스스로 기업에 유리한 행동을 하게 될 것이다.

일반 사용자들은 단순한 재미와 새로움, 자신을 표현하고자 하는 욕구 때문에 콘텐츠를 만들지만, 시장숙지자들은 자기만족이나 타인으로부터 인정받고자 하는 욕구가 콘텐츠 창작의 주요 동기가 될 수 있다. 기업이 콘텐츠 창작에 필요한 소재나 도구를 제공하는 한편, 콘텐츠 수집 활동을 촉진할 수 있는 도구를 제공하는 것도 도움이 될 것이다. 장기적으로는 자사의 브랜드에 대한 열성 고객으로 만드는 것이 핵심이다. 열성 고객은 다른 소비자들에게 그 브랜드를 알리는 데 앞장설 것이기 때문이다.

기업과 경쟁하는 슈퍼컨슈머
- 슈퍼컨슈머의 자작 세계

2006년 10월, LG전자가 세계 최초로 벽에 거는 프로젝터를 개발했다고 발표했다. 그러나 LG전자보다 무려 3년이나 앞서서 벽에 거는 프로젝터를 개발해 사용하는 사람이 있었다는 사실을 아는 사람은 별로 없는 듯하다. 그것도 기업이 아니라 일반 소비자가 말이다.

2002년 월드컵을 계기로 자작(自作) 빔 프로젝터에 대한 관심이 높아졌다. 이때까지만 해도 웬만한 프로젝터는 300만 원대여서 일반 소비자가 구매하기에는 부담스러운 가격이었다. 그러자 조금 더 저렴하게 나만의 프로젝터를 장만할 수 없을까 고민하던 사람들이 모여 관련 동호회와 카페 등을 개설하고 활발하게 정보를 교환하면서 소비자들이 직접 만드는 프로젝터가 하나 둘 생겨나기 시작했다. '다이프로(www.diypro.net)'가 그 중 가장 대표적인 빔 프로젝터 자

이복재 씨가 만든 한국 최초의 벽걸이 프로젝터 최명수 씨가 제작한 벽걸이 프로젝터 Ogga2

자료 : http://www.diypro.net

작 사이트이다.

여기서 2003년 11월 이복재 회원이 최초로 벽걸이형 프로젝터를 제작해서 공개했고, 이후 벽걸이형 프로젝터에 대한 관심이 높아지면서 다양한 모델 개발이 이루어졌다. 2004년 4월에는 최명수 씨가 이보다 세련된 빔 프로섹터 Ogga2를 선보였다. 제작에 소요된 비용은 60만 원대로, 당시 회원들 간에 댓글이 수백 건이나 달린 기념비적인 자작 프로젝터로 기록되고 있다.

이러한 큰일을 낸 '다이프로'는 국내 최초의 LCD 프로젝터 자작 동호회로 2002년 10월 9일에 설립되었다. 이 사이트는 기업에서 만들어내는 천편일률적인 천장걸이형 프로젝터와는 달리, 세우는 형태 등 다양한 디자인의 자작 프로젝터를 만들고 프로젝터 부품과 키트를 판매하는 쇼핑몰(www.diypro.co.kr)을 운영하면서 최근에는 30만 원대의 프로젝터 자작 키트를 선보이고 있다. 자작 프로젝터는 사용자가 취향에 따라 다양한 형태로 만들 수 있고 가격도 훨씬 저렴하기 때문에 꾸준히 인기를 얻고 있다.

이처럼 예전에는 꿈도 꾸지 못했던 분야에서 소비자들의 자작이 크게 늘고 있다. 정보 수집의 용이성, 부품 입수의 용이성 등이 기업의 제품에 불만을 가진 사람들을 자작의 세계로 이끌고 있다. 이러한 슈퍼컨슈머들은 자기가 만든 제품을 주변의 다른 소비자들에게 소개하거나 판매함으로써 기업의 직접적인 경쟁자로 떠오르고 있다.

요즘 디지털카메라는 나날이 성능이 좋아지고 있고 화면도 점점 커져서 3인치급도 많아졌다. 게임을 좋아하는 사람이라면 널찍한 화면에서 게임을 하면 좋겠다는 생각을 해보았을 것이다. 그런데 묘하게도 디지털카메라 업계에서는 그동안 게임 기능을 탑재한 디지털카메라를 개발하지 않았다. 기술이 없어서라기보다는 시장 수요가 얼마 되지 않는다고 생각해서일까? 2006년 말에야 후지필름 파인픽스가 한두 가지 모델을 내놓은 것이 전부이다.

그렇다면 게임 마니아들은 참고만 있었을까? 아니다. 디지털카메라 해킹 사이트들을 찾아보면 이들은 벌써 디지털카메라 중에서 어떤 기종이 게임 기능을 추가할 수 있는지를 찾아내고, 또 어떻게 하면 게임 기능을 탑재할 수 있는지를 연구하여 이를 상세하게 설명해 놓았음을 알 수 있다.

대표적인 디지털카메라 개조 정보 공유 사이트인 '카메라해커(www.camerahacker.com)'에서는 이처럼 각 기종별, 모델별로 정해진 스펙 이외에 기능을 추가하거나 뺄 수 있는 다양한 방법들을 소개하고 있다. 그밖에도 디지털카메라의 하드웨어 및 소프트웨어, 기능의 변경과 개조에 관한 다양한 지식과 정보를 공유하고 있다.

앞의 사례들에서 살펴보았듯이, 이제 소비자들은 기업이 제공하는 제품의 기본 사양에 만족하지 않고 막강한 정보력을 토대로 원하는 기능을 탑재해 자기만의 제품을 만들어가고 있다. MP3 폰의 음악 재생을 72시간으로 제한하자 이를 무제한으로 사용할 수 있도록 제한을 풀어버리기도 하고, 의무화된 휴대전화 카메라의 촬영음이 거슬린다며 소리가 나지 않도록 하는 방법을 찾아 서로 공유하기도 한다. 전 세계 지역별로 사용 제한이 걸려 있는 DVD 플레이어나 DVD 타이틀에 대해 지나친 제한이라고 항의하며 이를 해제하는 방법을 찾아 배포한다. 또 자동차 회사들이 규격에 맞추어 생산한 승용차도 자신의 취향에 맞게 튜닝하고 개조하는 한편 필요한 정보를 주고받는다.

이처럼 슈퍼컨슈머는 기업이 만들어내는 제품이 만족스럽지 않으면 이를 개조해서 사용하고, 나아가 그 방법을 다른 소비자들에게도 권하고 있다.

휴대전화용 게임을 PC에서도 할 수 있도록 하고, 디지털카메라 제조회사들이 제공하지 않는 기능들을 직접 추가하고, PDA도 필요한 기능이나 소프트웨어를 개발하여 활용도를 높인다. DIY 프로젝터 사이트에서는 기업이 공급하지 않는 벽걸이 프로젝터를 조립할 수 있게끔 키트화해서 50만 원대에 판매하고 있다. 또, DIY 인테리어 정보를 교환하는 사이트로 유명한 '레몬테라스(www.lemonterrace.com)'는 집안 단장을 저렴하고 손쉽게 할 수 있는 각종 노하우를 공유하며 그에 필요한 소재를 판매하고 있다. 이와 같이 슈퍼컨슈머는 기업의 매출을 위협하는 강력한 경쟁자로 부상하고 있다.

Marketing Tip >>>>>>>>>>>>>>>>

소비자의 동향을 점검하고
변화 욕구를 적극 반영하라

소비자들은 이제 고객의 변화 욕구에 신속하게 대응하지 못하는 기업을 탓하면서 스스로 기능을 추가하거나 새로운 제품을 만들어 사용하며 기업을 위협하고 있다. 따라서 기업은 적극적이고 능동적인 신프로슈머들의 동향을 점검하고 이들이 어떤 제품, 어떤 기능을 원하는지 정보를 수집, 분석하는 작업을 강화해야 한다. 그리고 소비자의 변화 욕구를 적극 반영하여 제품을 개선하거나 새로운 제품을 개발해야 할 것이다.

소비자들이 스스로 만들어낸 좋은 제품은 적극적으로 수용해서 상품화하는 것도 검토해야 한다. 인터넷 카페나 동호회에서 소개되는 자작 제품들 중에는 아이디어가 기발한 것들이 많으며, 무엇보다도 이것들은 소비자의 앞선 니즈를 반영한다고 할 수 있다. 이러한 선도적 틈새시장의 수요에 적극적으로 대응하기 위해서는 소비자가 직접 만든 제품을 기업의 생산 품목에 적극적으로 끌어들여 브랜드화하거나 판매 대행 등을 통해 제품 개발자를 공급 협력자로 대우하는 것도 검토해봄 직하다.

슈퍼컨슈머의 또 다른 얼굴
- '막가파' 소비자

 2004년 11월 26일, 아이리버 홈페이지 게시판에 안타까운 사연이 하나 올라왔다. 한 중학생이 애지중지하던 아이리버 MP3플레이어를 구입한 지 4일 만에 분실했다며 찾아달라고 떼를 쓰는 글이었다. 당연히 아이리버 측에서는 고객의 잘못으로 인한 분실은 책임질 수 없다면서, 만일 등록된 제품번호로 회사에 고장 접수가 들어오면 찾아주겠지만 신고와 수색은 경찰에 의뢰하라고 공식적으로 대응했다. 그러나 이 소년은 그냥 물러나지 않고 게시판에 "왜 MP3플레이어에 GPS 같은 위치 추적 시스템을 넣지 않았느냐"며 보상해줄 것을 계속 요구했다. 일주일 뒤 소년이 분실한 MP3플레이어는 부서진 채로 하수구에서 발견되었다. 이 소년은 협박(?)의 수위를 더욱 높여 게시판에 "보상해주지 않으면 자살하겠다"는 글을 올리면서 열

아이리버 게시판에 '아이리버 소년'이 올린 글

자료 : http://service.iriver.co.kr

흘 넘게 아이리버에 황당한 요구를 계속했다. 이 소년은 인터넷에 쓴 글이 화제가 되면서 '아이리버 소년'으로 불리기 시작했고, 다음 카페에는 '김○○군 아이리버 사주기 운동본부'까지 생겨났다. 결국 아이리버의 제조사인 레인콤이 사건 발생 2주일 만에 "아이리버 소년의 얼마 전 사망한(?) 아이리버의 명복을 빌며 아이리버 소년에게 포상을 하기로 결정했다"고 밝혔다.

이로써 '아이리버 소년'은 기업으로부터 보상이 아니라 포상을 이끌어내기에 이르렀다. 네티즌들은 이에 대해 "한 소년의 목숨을 살렸다", "아이리버의 고객 대응에 감동했다"는 반응부터 "고객이 떼를 쓰면 들어준다는 잘못된 선례를 남겼다", "혹시 아이리버의 자작극이 아니냐"는 이야기까지 다양한 반응을 나타냈다. 네이버 오픈국어사전에 '아이리버 소년'이라는 항목이 생겨날 정도로 유명했던 이 사건은 소비자들이 인터넷을 기반으로 강력해진 힘을 남용했을 때 기업이 얼마나 힘들어지는가를 보여준 대표적인 사건으로 기록될 것이다.

2004년 9월, 미국의 한 블로그에 자전거용 열쇠로 명성이 높은 크립토나이트 사의 자물쇠가 일반 볼펜 뚜껑으로 간단히 열린다는 동영상이 올라왔다. 이 동영상은 순식간에 네티즌들 사이에 퍼져 크립토나이트가 이를 알고 조치를 취하려 했을 때는 이미 수십만 명이 보고 난 뒤였다. 견고하기로 유명한 자물쇠가 하루아침에 자전거도둑의 표적이 되어버리자 크립토나이트 사는 하는 수 없이 전 제품의 교환을 결정하고 이에 100억 원이 넘는 비용을 지출했다.

이와 같이 과거에는 누리지 못했던 막강한 권력을 쥐게 되면서 일부 소비자들이 이를 남용하거나 오용하는 사례가 증가하고 있다. 2006년 말 현재 포털사이트 다음에는 1만 5,770여 개의 안티 카페가

크립토나이트의 자물쇠 열기 동영상

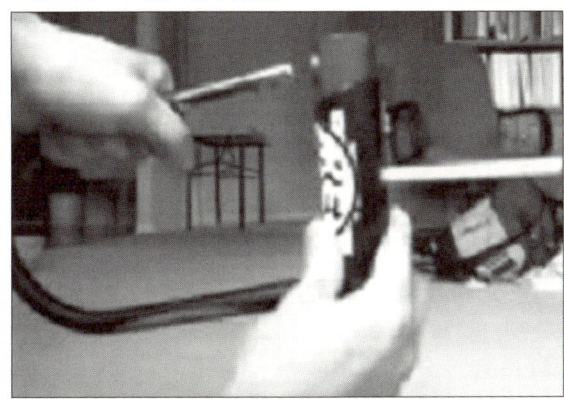
자료 : http://www.youtube.com/watch?v=Wl1gsW3KcBU

활동하고 있다. 이들은 특정 제품이나 서비스, 인물에 대해 문제점을 제기하며 반대운동을 펼치고 있다. 웹사이트나 커뮤니티 게시판을 통해 기업이나 제품에 대해 불만을 제기하고 시정을 요청하는 사례들 중에는 2004년 쏘렌토 리콜 추진 카페가 공식 리콜을 이끌어낸 것과 같이 소비자의 정당한 요구인 경우가 많다. 또 개발도상국에서 행해지는 나이키 사의 노동 착취 문제를 폭로하고 이를 시정하기 위해 2001년부터 시작된 캠페인과 같이 사회적 문제를 제기하는 경우도 있다.

그러나 이와 같은 정당한 사이버 액티비즘(cyber-activism)에 기대어 무리한 주장과 왜곡된 정보로 과도한 보상을 요구하거나 이득을 챙기려는 소비자도 있는 것이 사실이다. 이들은 사소한 문제를 과장하거나 심지어 없는 사실을 꾸며서 기업을 협박하고 과도한 보상을 요구하여 기업을 곤경에 빠뜨리는 '막가파' 소비자들이라 할 수 있다.

인터넷은 그 특성상 정보의 전파 속도가 매우 빠르고 그 범위 또한 매우 넓다. 따라서 사실 여부와 상관없이 기업에 대한 부정적인 정보가 인터넷에 확산되면 손상된 기업 이미지를 원래대로 돌려놓기가 거의 불가능하다.

소비자가 문제점을 지적하거나 불만을 토로하면서 시정을 요구하고 보상을 원할 때 어떻게 대응해야 할 것인가? 만일 소비자의 요구가 정당하고 합리적이라면 개별 접촉으로 문제를 해결할 수 있지만, 기업과 소비자 사이에 입장 차이가 클 경우 섣부른 대응은 오히려 긁어 부스럼을 만들 수도 있다. 그렇다고 무대응이나 책임 회피 혹은 책임 전가는 사태를 더욱 악화시킬 가능성이 크다. 또한 감정적으로 격앙되어 있는 소비자를 이성적으로 계속 설득한다고 해서 받아들여지는 것도 아니다.

소비자가 지적하는 문제점에 대해 기업이 직접 반박하거나 해명하기보다는 같은 소비자들, 즉 기업의 열성 고객들이 나서서 대응하게 하는 것도 좋은 방법이다. 특정 제품을 아끼고 사랑하는 마니아 층은 그 제품을 기꺼이 홍보하고 경쟁자나 훼방꾼의 공격으로부터 제품을 방어한다. 기업이 좋은 제품을 공급하고 뛰어난 고객 서비스를 통해 열성 고객을 육성해놓았다면 이들은 커뮤니티나 각종 게시판에서 적극적으로 기업 편이 되어 소비자들의 불만을 사전에 진화하고 홍보 활동을 대신해줄 것이다.

IBM 노트북 사용자들의 커뮤니티인 'IBM마니아(www.ibmmania.com)'는 말 그대로 IBM 노트북을 진정으로 좋아하는 사용자들의 모임이다. 여기서는 IBM 노트북에 대한 정보를 공유하는 것은 물론이고, 구매 예정자들이 문의해오면 적극적으로 IBM 노트북을 추천해준다. 혹시라도 IBM 노트북에 대한 비난이나 문제를 지적하는 글이 게시판에 올라오면 그에 대해 상세히 반박하며 IBM 노트북을 옹호하는 댓글을 올리곤 한다.

소비자의 불만과 부정적 행동을 궁극적으로 해결하는 방안은 강한 브랜드를 만들고 신뢰를 쌓는 것이다. 장기간에 걸쳐 강한 브랜드를 만들고 신뢰를 구축해놓으면 외부의 어떤 충격에도 쉽게 타격을 입지 않으며, 문제가 발생하더라도 빠른 시간 안에 해결할 수 있다.

2004년 말 유기농 녹즙에 사용되는 야채 중 일부에 농약을 뿌렸다는 사실이 지적되어 논란이 일었던 풀무원의 경우, 그동안 쌓아온 브랜드 이미지와 신뢰가 바탕이 되었기 때문에 문제가 크게 확대되지 않고 수습될 수 있었다. 또 우지(牛脂) 파동으로 한때 파산의 위기까지 몰렸던 삼양라면도 먹거리에 대한 정직과 신뢰를 추구하는 정도 경영으로 일관해온 이미지를 기반으로 라면시장에서 2위 자리에 복귀했다.

Marketing Tip >>>>>>>>>>>>>>>>>>>>

신속한 모니터링으로 대응하라

소비자 반응을 신속하게 모니터링할 수 있는 시스템을 갖추는 것이 핵심이다. 소비자 불만이 커져서 문제가 되지는 않는지 재빨리 감지하여 대응하는 신속성이 무엇보다도 중요하다. 외국의 경우 기업 정보나 소비자 반응을 인터넷상에서 모니터링하여 기업에 제공하는 전문 모니터링 업체가 많이 있다. 미국의 인텔리시크(Intelliseek), 인비저널(Envisional), 마크모니터(MarkMonitor), 사이베일런스(Cyveillance), 일본의 유니젠트(Unigent), 호토링크(Hottolink), 블로그리포트(blogreport) 같은 서비스 업체가 그 대표적인 예이다. 국내에서도 아이퀵, GIGO, 메트릭스가 이와 유사한 서비스를 제공하거나 준비 중이다.

현장해결형 조직 구조를 갖추어라

소비자의 작은 불만이 커져서 기업이 큰 타격을 입지 않으려면 불만이 발생할 수 있는 현장 접점에서 문제를 해결할 수 있는 프로세스를 갖추어야 한다. 소비자가 제기한 문제점이나 불만이 정당한 경우에는 그것을 수용하고 인정하는 자세로 문제를 해결하기 위해 적극적으로 노력해야 하는데, 이를 위해서는 현장에서 자율적으로 의사결정을 내리고 소비자 불만에 대응할 수 있는 시스템이 뒷받침되어야 한다. 이와 관련하여 최근 들어 소비자 불만 자율관리 시스템(CCMS, consumer complaints management system)을 도입하는 기업이 늘고 있다.

소비자 불만 자율관리 시스템은 기업이 사전에 자율적으로 소비자의 불만을 최소화하고, 부득이하게 발생하는 소비자 불만과 피해 사례에 신속하게 대응할 수 있는 시스템이다. 선진국에서는 이미 보편화된 소비자 피해 예방 시스템 가운데 하나다. 2006년 말 현재 국내에서 이와 유사한 시스템을 도입한 기업이 20개를 넘어섰다. 이처럼 기업이 소비자 불만에 대해 적극적으로 대응하려는 것은 2008년부터 소비자단체가 집단소송을 제기할 수 있는 제도가 도입될 예정이라는 사실과 관련이 있다.

온라인에서 나를 유통시킨다
- 1인 미디어 시대

디지털 시대의 소비자들은 온라인에서 튀고 싶어하는 한편으로 숨고 싶어하는 양면성을 가지고 있다. 여기서는 적극적으로 자신을 표현하고 싶어하는 반면에 익명성에 기대어 숨고 남을 따라하거나 비판하는 디지털 시대 소비자의 상반된 모습을 살펴보기로 한다. 구체적으로 1인 미디어를 통해 자신을 적극적으로 유통시키는 퍼블리즌의 출현, 마니아의 주류화, 그리고 익명성의 다면체에 대해서 살펴보자.

2006년 10월 21일자 《중앙일보》는 톡톡 튀는 1인 방송 '브로디즌(broadizen)'에 대해서 소개했다.

서울 망우동에 사는 정영진 씨는 2006년 1월부터 개인 방송인 'RTN(real time news)'을 운영하고 있다. 매일 오후 11~12시까지 인

1인 방송 화면

자료: "톡톡 튀는 1인 방송 '브로디즌'이 뜬다"(《중앙일보》, 2006. 10. 21).

터넷으로 생중계하는 뉴스 분석 프로그램이다. 예를 들어 '정지영 아나운서의 대리 번역 파문'에 대해서 논평을 내면 네티즌 시청자들이 채팅창에 "독자들이 집단소송을 내자" 등의 댓글을 달며 토론을 벌인다. 4,000여 명의 고정 시청자를 둔 정 씨의 프로그램은 기존 방송과 달리 앵커가 자신의 생각을 거침없이 표출하는 파격적인 진행 방식으로 인기를 누리고 있다. 방송 장비는 웹캠(컴퓨터에 연결해 영상을 찍는 카메라)과 마이크가 전부이다. 3평 남짓한 정 씨의 자취방은 방송국 스튜디오의 역할을 한다. 정 씨는 "시청자들의 반응을 실시간으로 알 수 있어 공중파보다 매력적"이라고 말한다.

위의 경우와 같이 인터넷 개인 방송을 통해 자신을 표현하려는 브로디즌이 급증하고 있다. 브로디즌이란 'broadcast(방송)'와 'netizen(네티즌)'의 합성어이다. 개인 방송은 완전 무료가 원칙이다. 브로디즌은 시청료나 광고료 수익이 없지만 '감춰진 끼를 발산하고 싶다', '남들에게 주목받고 싶다'는 등의 이유로 개인 방송을 운영한다.

　최근 유행하고 있는 1인 미디어란 인터넷에 개인이 일기, 기사, 칼럼 등을 다양한 멀티미디어의 형태로 자유롭게 올려서 개인 방송, 개인 출판의 기능을 하는 매체를 일컫는다. 가장 흔한 형태가 1인 방송, 블로그, 미니홈피 등이다. 인터넷이 활성화되면서 자신의 존재를 좀더 부각시키려는 신세대 소비자들에 의해 1인 미디어가 발전하게 되었다. 이제 1인 미디어는 디지털 환경에서 소비자의 자기노출 심리와 욕구를 충족시켜주는 중요한 수단이 되고 있다.

　1인 미디어의 대표적인 예가 싸이월드의 미니홈피이다. 네티즌들은 자신의 블로그나 미니홈피를 널리 알리기 위해 엽기적인 사진을 올리거나 야한 제목을 달기도 한다. 2005년에는 한 간호조무사가 자신의 미니홈피 방문자 수를 늘리기 위해 신생아 학대 사진을 올려 논란이 되기도 했다. 한편, '인터넷 아티스트'로 알려진 네이버의

김치샐러드 블로그에 실린 OTL 퍼포먼스의 한 장면

자료 : http://www.kimchisalad.net(또는 http://blog.naver.com/2x5/ 참조).

김치샐러드는 블로그에 자신의 독특한 예술세계를 표현해서 유명세를 탔다(blog.naver.com/2×5). 이 블로그는 지하철 노선 12동물, 녹차 예술, 단무지 시리즈, 맛살사람, OTL 퍼포먼스 등으로 유명하다.

이와 같은 1인 미디어 열풍의 원인은 우리 사회의 초점이 집단에서 개인으로 옮겨가고 있다는 점에서 설명할 수 있다. 그러면서도 이러한 개인 미디어는 싸이월드 미니홈피의 일촌 맺기처럼 각각 고립되어 있지 않고 서로 연결되어 있는 것이 특징이다. 개인화된 1인 미디어가 다시 타인과 연결되어 개인을 유통(소통)시키는 도구가 되는 것이다.

Marketing Tip

1인 미디어 서비스를 개발하라

인터넷을 통하여 자신을 유통시키고 싶어하는 디지털 소비자들을 위해 먼저 생각해 볼 수 있는 마케팅 시사점은 1인 미디어 서비스를 개발하는 것이다. 2006년 3월에 개국한 개인 방송 지원 사이트인 '아프리카TV'의 경우 6개월 만에 600만 개의 개인 방송이 등록했다. 요즘 이 사이트에서는 하루 평균 600~700개의 개인 방송이 24시간 방송을 하고 있다. 개인 방송을 시청하는 네티즌도 크게 늘고 있다. 현재 아프리카TV의 순간 동시 접속자 수는 8만 명에 이른다. 미니홈피를 운영하는 싸이월드도 단기간에 900만 명의 회원을 확보했다. 이러한 사이트를 통해 여러 가지 수익 모델(예를 들어 싸이월드 도토리)을 개발할 수 있을 것이다.

1인 미디어 서비스 제공업체들은 소비자들이 콘텐츠를 쉽게 제작해 올릴 수 있는 환경을 만들어주는 것이 중요하다. 그리고 이러한 1인 미디어를 통해 제품, 서비스, 브랜드를 홍보하는 방안을 생각해볼 수 있다. 인기 있는 1인 미디어는 많은 사람들이 방문하고 또한 그 나름대로 특성이 있으므로 거기에 알맞은 제품이나 브랜드를 홍보하는 것도 효과적인 방법이 될 것이다. 기업의 브랜드 홈페이지나 커뮤니티에 1인 미디어를 링크시키는 것이 좋은 방법이다. 1인 미디어 순위에 올라 있는 콘텐츠의 소재를 결합하여 제품이나 브랜드의 co-creative를 개발하거나 새로운 광고 콘텐츠를 개발하는 것도 고려할 수 있다. 한편, 1인 미디어를 통해 소비자의 의견을 체계적으로 수집하여 마케팅 리서치를 대체할 수도 있다. 마케팅 정보, 고객 정보의 원천으로 1인 미디어를 이용하는 것이다.

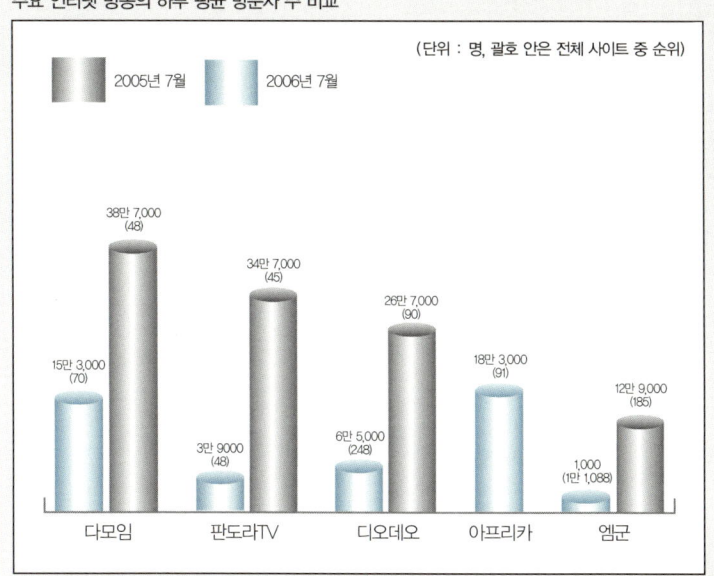

주요 인터넷 방송의 하루 평균 방문자 수 비교

자료: 《세계일보》(2006. 8. 19), "넌 동영상 퍼 나르니? 난 직접 띄워", 랭키닷컴.

나를 클릭해주세요, 나를 봐주세요
- 신인류 '퍼블리즌'의 출현

2006년 5월 한 웹사이트에 노스웨스턴 대학의 여자 축구선수들이 속옷 차림으로 남학생들 앞에서 선정적인 춤을 추는 모습이 담긴 사진이 올라왔다. 이 사진이 공개되면서 여자 축구팀의 활동이 중단됐고 선수들도 징계를 받았다. 당시 미국에서 충격적인 사건으로 받아들였지만 문제의 사진은 선수들이 자발적으로 올린 것으로 확인됐다. 한국의 대학생 정호성 씨는 장난삼아 립싱크하는 모습을 인터넷에 올려 스타가 되었고, 파티복 디자이너 고봉자 씨는 직장 동료들과 야근하다 사무실에서 춤추고 노는 모습을 인터넷에 공개했다가 화제를 모았다. 또 초등학생에서 20대 초반에 이르는 세 자매가 자신들이 춤추는 모습을 휴대전화 동영상으로 찍어 인터넷에 올린 일명 '세 자매 댄스'가 엄청난 관심을 불러일으켰다. 급기야 이들은

시내버스 광고를 이용해 결혼식도 공개적으로 알리는 퍼블리즌

자료 : http://blog.naver.com/wedding1600/50022619101

SK텔레콤을 통해 모바일 화보까지 내며 졸지에 유명인이 되었다. 이들의 공통점은 모두 인터넷에 자신을 공개하는 것을 하나의 놀이로 즐기고 있다는 것이다.

온라인뿐 아니라 오프라인에서도 자신을 알리고 보여주려는 퍼블리즌의 행동을 볼 수 있다. 한 예로, 안산에 사는 한 예비 신랑신부는 버스 광고 청첩장을 통해 자신들의 결혼식을 공개적으로 홍보하기도 했다.

디지털 시대의 소비자는 인터넷이라는 공간에서 자신을 적극적으로 알리고 표현하며, 심지어 노골적으로 노출하는 경향이 있다. 그들은 홈페이지나 블로그, 카페 등을 개설한 뒤 신변잡기를 비롯한 시시콜콜한 내용을 올려놓는다. 이러한 내용 중에는 지극히 사적이고 민망한 고백도 있다. 각종 디지털 기기와 인터넷이라는 매체가 이러한 행동을 더 용이하게 할 수 있도록 뒷받침해준다. 디지털 환

경에서 소비자들은 디지털카메라, 웹카메라, 디지털 비디오 프로그램 등을 이용하여 인터넷에 자신을 공개한다. 자신의 특기나 재미있는 모습을 편집해서 보여주는 경우에서부터 신상정보나 사생활을 세세하게 노출하는 경우도 있다.

2006년 7월 《워싱턴 포스트》는 "나를 봐주세요, 나를 클릭해주세요"라고 외치는 신인류 '퍼블리즌(publizen)'의 특성을 해부하는 기사를 내보냈다. 퍼블리즌은 '공개(publicity)'와 '시민(citizen)'을 합성한 신조어로 자신의 사적인 생활과 생각을 남들에게 공개하는 것을 좋아하는 사람을 뜻한다. 이들은 웹사이트나 블로그를 통해 자신의 사생활을 노출하는 것을 꺼리지 않는다. 최근 한 여론조사에 따르면 대학생 10명 중 8명이 자신을 퍼블리즌으로 여긴다는 결과가 나왔다. 퍼블리즌의 특징은 공통적으로 라이프 캐칭(Life Caching)을 한다는 점이다. 이는 개인이 자신의 기록과 일상사를 타인과 공유하기 위해 미니홈피나 블로그 등에 공개하는 것을 말한다. 정보화 사회에서는 개인의 존재가 쉽게 묻히기 쉬운 만큼 자신을 표현하고 인정받으려는 욕구가 더 강해진다고 한다.

퍼블리즌은 공개하지 않으면 존재하는 것이 아니라고 생각한다. 또 아주 사소하고 은밀한 사생활에 이르기까지 모든 개인 정보를 웹사이트나 블로그에 공개하기 위해 안달한다. 남들이 자신을 알아주지 않으면 불안해하고, 만인에게 자신을 공개한 뒤에야 비로소 존재를 인정받았다는 노출병적 증후군을 앓고 있다.

미니홈피를 확인하고 관리하는 데 강박의식을 가지고 있는 것을 예로 들 수 있다. 한 여성 회사원은 출근하면 제일 먼저 자신의 미니홈피부터 확인한다고 한다. 그녀가 미니홈피를 관리하는 시간은 하루 평균 40여 분이다. 자신의 사생활을 공개해 남들로부터 평가받고 싶어하는 그녀는 이를 통해 자신의 정체성을 확인하고 심리적으로도 편안함과 자유를 느낀다고 말한다. 세금을 공제하고 9억 원 정도의 로또에 당첨된 한 젊은이는 당첨된 로또 영수증을 당당하게 공개하고 당첨금으로 구매한 오토바이, 휴대전화 등을 올려 화제가 되었다.

최근에는 더 많은 사람들이 유명해지기를 원하고 있는데, 이런 관심은 그들의 꿈을 이루는 좋은 기회가 되고 있다. 이러한 현상을 반영하여 근래 들어 인터넷 스타들이 많이 등장하고 있다. 푸롱(芙蓉)이라는 여성은 중국 퍼블리즘의 대표적인 예이다. 그녀는 이상한 복장을 하고 과장된 자세로 찍은 사진을 베이징 대학과 칭화 대학 게시판에 올리기 시작했다. 네티즌들은 두 대학의 게시판에 그녀의 사진을 퍼다 나르는 한편, 섹시하다 아니다 하는 문제로 논쟁을 벌이며 그녀에 대한 사적인 정보를 올렸다. 사람들이 비난하면 할수록 푸롱은 더 많은 사진을 올렸다. 그 결과 그녀는 유명세를 탔고 실제로 스타가 되어 TV에도 출연하기에 이르렀다.

미국의 한 대학 여자 축구부원들은 반라의 단체 사진을 공개해 커다란 반향을 일으켰고, 한 여성 컨설턴트는 사생활을 셀프 카메라로 찍어 자신의 블로그에 올렸다. 뿐만 아니라 TV 리얼리티 쇼에 출연하기 위해 몇만 명의 지원자가 장사진을 치고 있다고 한다.

유명세를 얻어 공인이 되고 싶어하는 퍼블리즌이 늘어나면서 공개적인 것이 아니면 존재하는 것이 아니라는 인식이 팽배해지고 있다. 퍼블리즌은 사적으로 잊혀지느니 차라리 공개적으로 창피당하는 쪽을 택하는 사람들이다. 따라서 이들은 인터넷에 올린 자신의 글에 악성 댓글이 달리는 것은 참을 수 있지만, 댓글이 달리지 않는 이른바 '무플'은 참을 수 없는 존재들이다.

퍼블리즌은 자신을 적극적으로 표현하고 대중과의 소통을 즐긴다는 점에서 긍정적이다. 그러나 퍼블리즌의 등장은 사람들이 이제 더 이상 프라이버시를 기대하지 않는다는 것을 보여준다. 노출을 즐기는 이들에게 개인 정보 보호는 의미 없는 말이다. 이들은 사랑에 빠지거나 대학에 진학하는 일에서부터 섹스와 약물 경험 등 온갖 종류의 개인사를 웹사이트나 블로그, TV 리얼리티 쇼 등에서 알리는 것을 꺼리지 않는다. 이메일이나 휴대전화 통화 내용이 알려지는 것도 개의치 않는다. 이들에게 프라이버시는 낡은 개념일 뿐이다. 도청과 개인 정보 수집이 일상화되면서 숨길 것도, 숨길 수도 없는 세상이 됐는데 굳이 감출 필요가 있느냐는 것이다. 물론 개인 정보 보호 등의 차원에서 걱정스런 의견이 많은 것도 사실이다.

퍼블리즌은 이제 디지털 세계의 주류가 되어가고 있다. 세계 최초로 동영상 무제한 업로드 서비스를 제공한 판도라TV는 2년간 총 25억 페이지뷰와 방문자 수 1억 5,000만 명을 달성했다. 판도라TV와 같은 UCC 기반 동영상 서비스는 퍼블리즌이 증가함에 따라 앞으로도 계속 인기를 누릴 것이다.

Marketing Tip

퍼블리즘을 살려라

퍼블리즘의 등장은 디지털 시대의 마케팅에 여러 가지 시사점을 던져준다. 먼저 개인 블로그나 미니홈피를 제공하는 기업에서는 사용자가 자신만의 독특한 개성을 살릴 수 있도록 많은 제작 도구를 지원해야 한다. 특히 사진과 동영상 등 다양한 멀티미디어 콘텐츠를 손쉽게 제작할 수 있는 도구를 제공하는 데 주력해야 할 것이다. 평범한 사람도 스타가 될 수 있도록 만들어주는 제품이나 서비스를 개발하는 것도 좋은 방법이다. 방송국에서 보통 사람들을 대상으로 모델 선발대회나 퀴즈쇼 등을 여는 것이 그러한 사례 중 하나다. 디지털 시대의 소비자에게 적극적인 자기표현은 더 이상 낯선 일이 아니다. 모든 소비 분야에서 이러한 적극성을 살리고 자기만의 개성을 발휘할 수 있도록 각종 튜닝 시장을 마련해주는 것이 바람직하다.

튀지 않고는 살 수 없다
- 마니아적 일상

　문신은 자신을 돋보이게 하기 위한 장식이다. 예쁘게, 터프하게, 매력적으로 보이고 싶은 것이 모든 문신 마니아의 소망이다. 2006년 7월 24일자 《팝뉴스》에 따르면 해외 네티즌들 사이에 '네거티브 문신' 혹은 '자학 문신'이 이슈가 되고 있다. 미국의 문신 관련 웹사이트가 2006년 7월 18일 한 청년의 '바보' 문신을 소개했다. 머리를 박박 깎은 이 청년은 자신의 이마에 큼지막하게 'STUPID'라고 새겼다. 청년이 왜 이런 자학 문신을 원했는지는 아직도 알려지지 않았다. 플로리다 주 윈터 해븐에서 활동하는 문신 아티스트는 지난 2년 동안 바보 문신 자원자를 기다렸는데, 최근에야 한 남성이 찾아와 공짜로 시술을 해주었다고 밝혔다.
　마니아란 어딘가 미쳐 있는 사람을 뜻한다. 단순한 관심과 취미를

이마에 '바보' 문신을 새겨 화제를 모은 미국의 한 청년

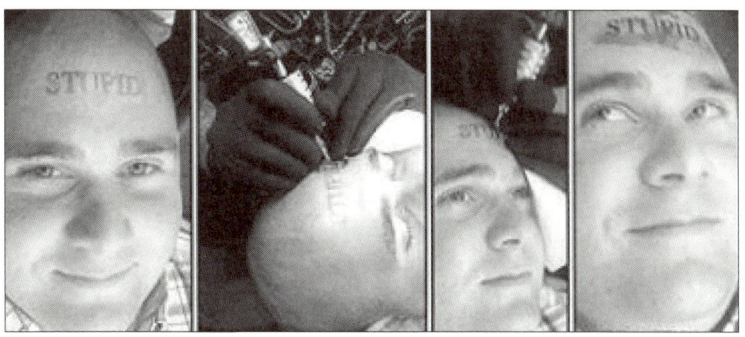

자료 : "이마에 바보 문신, 도대체 왜? 네티즌 술렁"(《팝뉴스》, 2006. 7. 24).

넘어 깊이 있는 지식을 가지고 무언가에 몰입하는 사람이다. 특정 물건을 모으는 수집 마니아, 특정 활동을 즐기는 취미 또는 레저 마니아 등이 있다. 아날로그 시대에 마니아란 소수의 특별한 사람들로서 비주류에 속했다. 그러나 디지털 시대의 소비자는 정도의 차이는 있지만 대개 마니아적 기질을 가지고 있다. 일상의 따분함을 벗어던지고 남들과 다르게 살고 싶어하는 디지털 시대의 소비자들은 10인 10색의 특징을 보이며 마니아적 일상을 살고 있다.

과거의 마니아는 소수였지만 인터넷이 등장함으로써 다수의 마니아들과 소통할 수 있는 통로가 늘어났다. 이에 따라 그들에 대한 모방이 쉽게 확산될 수 있었다.

'뼁구'라는 닉네임을 가진 한 여학생은 온라인 게임에 빠져서 그 세계를 온통 휘젓고 다닌다. 그녀가 평범한 여학생이라고 생각하는 사람은 아무도 없다. 뼁구는 온라인 게임을 이끌어가는 무자비하고 강력한 전사이다. 특히 뼁구가 사냥을 할 때면 게이머들은 다

코스프레 마니아들

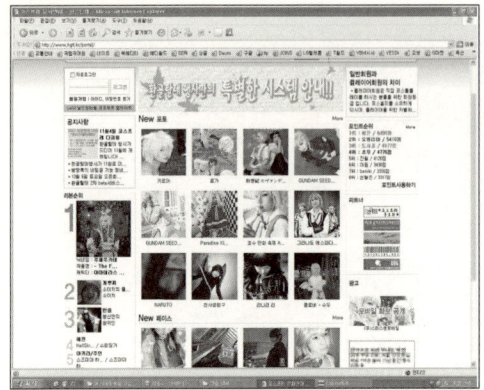

자료 : http://www.hgtt.kr/portal/index.php

들 기겁을 한다. 그들은 '뻥구뽕뽕'이라는 팬 카페를 만들어 뻥구를 추종하고 있다. 만약 그녀가 평범한 여자 대학원생이라는 것을 알면 모두가 기절초풍할 것이다. 뻥구의 경우처럼 사회적으로 지극히 평범한데 온라인에서는 마니아적 삶을 살아가는 사람들이 늘고 있다.

　요즘 평범한 청소년들 사이에 만화나 애니메이션의 등장인물을 모방하는 이른바 코스프레(코스튬 플레이)가 유행이다. 그들은 도매시장에 가서 원단을 끊고 옷본을 뜨고 바느질을 하여 만화 주인공의 의상을 직접 만들어 입는 수고를 아끼지 않는다. 코스프레 마니아들은 《나루토》,《데스노트》,《디 그레이맨》,《후르츠 바스켓》,《오란고교 호스트부》 등의 만화에 나오는 주인공들을 단골 소재로 삼는다. 이들은 만화에 열광한 나머지 주인공의 복장을 하고 실제로 그 인물이 되어보고 싶어한다. 코스프레가 자신을 한층 돋보이게 해준다고 생각하기 때문이다. 코믹월드와 같은 애니메이션 전시장에서 멋진 코스프레는 많은 사람들의 시선을 끌며 사진 촬영의 대상이 된다.

온라인에서는 새로운 나로 변신이 가능하다. 즉 아이디와 캐릭터를 바꿔가며 다양한 모습으로 변신할 수 있는 것이다. 이러한 다중 자아 현상은 오프라인으로 확대되어 여러 직업이나 취미 활동을 동시에 갖기도 한다.

가상공간에서 사용자들은 여러 가지 형태로 자기를 변화시켜 보여줄 수가 있다. 소심한 남자가 마초로 변신한다든가, 외모에 열등감을 느끼는 여성이 성적으로 더 대담할 수도 있다. 온라인에서는 사람들을 직접 대면했을 때 느낄 수 있는 어색함과 긴장감으로부터 자유롭다. 그래서 열등감과 대인공포증 등으로 대인관계에 어려움을 느끼는 사람들이 가상공간에서 이성과 교류하려는 경향을 보인다.

가상공간에 집착하는 이들은 일본 드라마 〈전차남〉의 남자 주인공과 비슷한 현실 부적응자가 많다. 인간관계를 정리하고 싶다면 언제든 끝낼 수 있다는 점에서 원만한 대인관계를 유지하지 못하는 이들이 가상공간을 찾기도 한다. 그래서 다양한 모습으로 가상공간을 이곳저곳 방랑하는 것이다.

Marketing Tip

마니아 시장을 잡아라

마니아가 많이 등장하고 있다는 것은 다양한 마니아 시장이 뜨고 있다는 것을 의미한다. 노무라종합연구소가 일본의 마니아 소비자층인 이른바 '오타쿠'를 조사한 결과에 따르면 마니아는 285만 명, 연간 시장 규모는 2,900억 엔에 달하는 것으로 나타났다. 또 소수에 지나지 않았던 마니아들이 주류 시장으로 나오고 있는 것이 확인되었다. 이러한 현상 중 하나가 롱테일(long-tail) 마켓 구조이다. 마니아가 증가하면서 정상분포의 하위 5%의 꼬리가 점점 길어져 롱테일 구조가 나타나는 것이다. 과거에는 마니아들이 수익 창출에 기여하는 정도가 낮은 것으로 여겨졌다. 그러나 아마존닷컴(www.amazon.com)에서 한 권씩 팔리는 비주류 서적의 판매량을 합치면 베스트셀러의 판매량보다 더 많은 것으로 나타났다. 이를 볼 때 앞으로 마니아 브랜드와 그들을 겨냥한 마케팅이 점점 더 중요해질 전망이다.

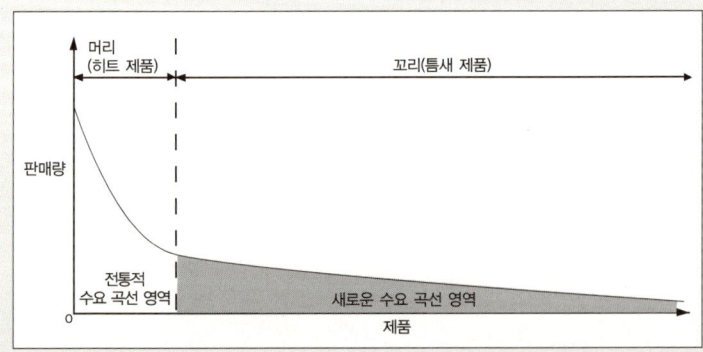

자료 : 이정배(2006).

숨어서 엿보고, 따라하고, 욕하고, 심지어 때리기까지
- 익명성의 다면체

지하철에 안고 탄 애완견이 바닥에 배설을 했음에도 배설물을 치우지 않고 그냥 내린 한 여성이 네티즌들의 집중 비난을 받은 적이 있다. 네티즌들은 이 여성에게 '개똥녀'라는 이름까지 붙였다. 이른바 '개똥녀'에 대한 이야기와 사진이 담긴 "애견인의 무개념 실태"라는 제목의 글이 인터넷의 여러 커뮤니티 사이트를 통해 급속하게 확산되었고, 문제의 여성은 네티즌들로부터 집중 비난을 받았다.

이 글에 따르면, 한 여성이 데리고 탄 애완견이 지하철 바닥에 배설을 하자 주위 승객들이 그 여성에게 배설물을 치울 것을 요구했으나 태연히 애완견의 항문만 닦아줬다는 것이다. 이에 보다 못한 승객들이 계속 핀잔을 주자 이 여성은 짜증을 내며 다음 역에서 내렸다. 이 글은 애완견의 배설물을 보고도 태연히 강아지를 안고 있는 여성의 사진과 애완견 주인 대신 배설물을 치우는 다른 승객들의 모습을 담은 사진을 그 증거로 제시했다. 이 글과 사진을 본 네티즌들은 일제히 그 여성을 비난하기 시작했다. 포털사이트 네이버에 올라온 한 기사에는 다섯 시간 만에 1만 3,000여 개의 댓글이 달렸다. 그중에는 '개똥녀'를 비난하는 댓글 말고도 그녀의 신상을 물어본다든지 그녀의 얼굴을 모자이크 처리하지 않은 원본 사진을 찾는 댓글도 많이 달렸다. 또 일부 사이트에 모자이크 처리를 하지 않은 그 여성의 사진이 게시돼 신상 정보 유출에 대해 우려하는 댓글도 있었다.

개똥녀 사건에서 보듯이 익명성을 보장해주는 댓글들이 한 사람을 거의 초주검으로 몰고 가는 마녀사냥식의 행태는 네티즌의 또 다른 모습을 보여준다. 그들은 온라인에서 자신을 전혀 드러내지 않고 숨어서 남을 엿보거나 동조하며 냉소와 비난을 퍼붓는다.

인터넷에서 적극적으로 자기를 표현하는 데 열을 올리는 사람들도 많지만, 한편으로 자신을 숨기면서 무언가를 하는 사람들도 많다. 익명성이 체면이나 수치심 등으로부터 그들을 자유롭게 해주는데, 이는 본능을 조정하는 초자아(super-ego)에 구멍이 나는 것과 같은 현상이다. 외부의 시선에 포착되는 자아표상(persona)을 언제라도 벗어버릴 수 있는 가상공간에서 그들은 본능이 시키는 대로 부끄러움 없이 활동한다. 악성 댓글 따위를 올리는 것이 그 예이다.

미니홈피에 민망할 정도의 사생활을 공개하는 경우도 많다. 타인의 사생활을 엿보기 위해 다른 사람들의 미니홈피에 들어가기도 한다. 적극적으로 자신을 표출하기 위해 안달하면서도 몰래 다른 사람의 블로그나 미니홈피를 엿보는 익명의 잠행도 디지털 소비자들의 한 단면이라고 할 수 있다.

인터넷 쇼핑몰 엠플닷컴(www.mple.com)은 '그녀의 공간 엿보기'라는 메뉴를 통해 유명인이나 패션리더의 패션 연출을 엿보고 따라하도록 하고 있다. 이는 디지털 소비자의 특성을 잘 간파한 마케팅 사례라고 할 수 있다.

Marketing Tip

익명성을 활용하여 아이디어를 얻어라

익명성은 소비자들이 의견을 자유롭게 개진하는 데 도움이 된다. 따라서 신제품에 대한 아이디어나 개선책에 대한 의견을 얻는 데는 유용하다. 익명성을 이용해 다양한 아이디어를 제시하게 하는 것이다.

익명성을 원하는 사람들을 위한 서비스를 제공하거나 반대로 익명성의 부정적 측면을 피하려는 사람들을 위한 서비스를 제공할 수도 있다. 이와 관련하여 미니홈피 서비스 업체는 타인의 엿보기 지수를 개발하는 것도 고려해볼 만하다. 즉 미니홈피에 누가 얼마나 들어와서 살짝 엿보고 갔는가를 지수화하는 서비스 말이다.

한편, 기업의 브랜드 사이트에 악성 댓글이 얼마나 달리는지 늘 모니터링하는 것도 중요하다. 또 아르바이트를 고용하는 방법 등으로 기업에 유리한 우군을 양성하여 우호적인 여론을 조성할 필요도 있다.

Chapter 3

개성 추구 vs 유행 추종

나만의 것을 원한다
- 대중화된 상품에 대한 반란

디지털 시대의 소비자들은 남과 차별화된 개성을 마음껏 표출하길 원하고 자기만의 독자적 세계를 가지길 원한다. 또 한편으로는 비슷한 사람들끼리 모이는 것을 좋아한다. 여기서는 남과 차별화된 상품을 추구하는 디지털 소비자의 취향에 따른 다양한 맞춤 상품의 등장과 디지털 코쿠닝(cocooning) 현상, 그리고 끼리끼리 모이길 좋아하는 소비자 트렌드를 살펴보기로 하자. 개인의 취향을 최대한 반영한 각종 맞춤 상품과 맞춤 공연, 맞춤 음반 등 맞춤화가 용이한 디지털 서비스 상품의 등장과 다양한 커뮤니티의 유형 등에 대해 자세히 알아보자.

개별적 대응(personalization)은 아마도 디지털을 가장 잘 특징짓는 용어 중 하나일 것이다. 디지털 환경으로 바뀌면서 기업의 오랜 숙

원이던 고객에 대한 개별적 대응이 비로소 가능해졌기 때문이다. 과거에는 선택된 소수에게만 제공했던 개별화된 제품과 서비스를 더 많은 소비자들에게 제공할 수 있게 되었다. 개별적 대응은 모든 고객에게 똑같은 제품과 서비스를 제공하던 매스마케팅(mass marketing) 시대의 종언을 고하고, 개개인에게 특별한 제품과 서비스를 제공하는 원투원(one to one) 마케팅 시대를 열었다.

최근 미국에서는 디지털화된 '개인 맞춤 상품'이 큰 인기를 끌고 있다. 가장 빠르게 커지고 있는 분야는 맞춤화한 책이나 음악 등을 중심으로 한 각종 콘텐츠 맞춤화와 관련된 산업이다. 이들 분야는 디지털 환경에서 내용을 손쉽게 변경할 수 있고 고객이 원하는 다양한 콘텐츠로 구성할 수 있다는 이점 때문에 빠르게 성장하고 있다.

개인 맞춤 상품을 음악 장르에 도입한 곳도 있다. 키즈주크박스(www.kidsjukebox.com)는 동요 가사의 특정 부분에 고객의 이름을 넣어 부른 CD를 판매하고 있다. 동요는 1~9세의 아동을 대상으로 하며 구연동화도 같이 제공하는데 그 주인공은 물론 고객이다.

디지털화가 진전되면서 남다른 개성을 원하는 소비자의 트렌드에 따라 개인 맞춤 상품의 영역이 점점 확대되어가고 있다. 물론 예전에도 티셔츠에 고객의 이름을 새겨 넣는다든가, 머그잔에 사진을 입힌다든가 하는 등의 단순한 개인 맞춤 상품이 존재했다. 그러나 디지털 환경에서 소비자는 개성 있는 상품을 추구하는 개인맞춤화에 대한 욕구를 이전보다 폭넓은 영역에서 더욱 손쉽게 충족시킬 수 있게 되었다. 인터넷과 IT 기술의 발전으로 개인맞춤화가 보다 다양하

맞춤 동요로 인기를 끌고 있는 미국의 한 인터넷 사이트

자료 : http://www.kidsjukebox.com

게 이루어지게 된 것이다.

개인맞춤화가 생활 전반에 파고들면서 나만의 제품을 만들어 소유하고자 하는 소비자의 욕구가 여러 가지 제품에 반영되고 있다. 맞춤 와이셔츠, 맞춤 신발뿐 아니라 생활의 다양한 영역으로 맞춤화 트렌드가 확산되고 있다.

최근에 인기를 끌고 있는 상품으로 맞춤 달력이 있다. 일반적인 달력은 모두 똑같은 그림과 날짜, 기념일이 표시되어 있지만 맞춤 달력은 우리 집 혹은 나만의 사진이나 편지, 그리고 가족별, 개인별 특정 기념일이 표시되어 있는 것이 특징이다.

또 어린아이를 둔 주부들 사이에서 맞춤 동화책이 한 권쯤 가져야 할 제품으로 자리 잡았다. 맞춤 동화란 익숙한 기존의 동화에 자신의 아이를 주인공으로 등장시키는 것으로서 아이들에게 책 읽는 재미와 흥미를 선사해 큰 인기를 얻고 있다. 이런 맞춤 동화책은 유아용 도서뿐 아니라 연인용, 선물용으로도 확대되어 폭넓은 계층에서

맞춤 서적 전문 사이트 퍼블로그

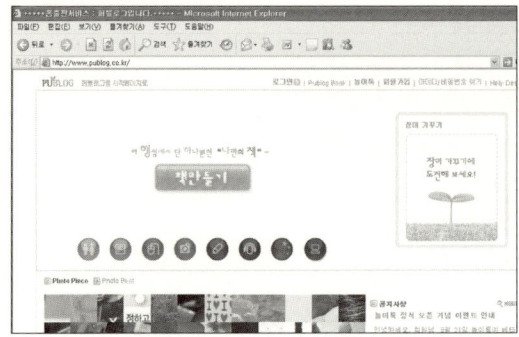

자료 : http://www.publog.co.kr

좋은 반응을 얻고 있다.

　예를 들어, 크리에이트북(www.hefty.com)은 고객이 원하는 아이를 주인공으로 등장시킨 동화를 판매하고 있다. 베스트퍼스널라이즈드북(www.bestpersonalizedbooks.com)에서는 고객의 아이가 전문 동화작가가 쓴 동화책의 주인공이 될 수 있다. 자신의 이야기를 담고 있기 때문에 아이들이 더욱 흥미롭게 동화를 읽게 된다는 것이 회사의 설명이다.

　최근에는 성인을 대상으로 연애소설을 전문으로 하는 회사도 문을 열었다. 토리드로맨스(www.torridromance.com)는 성인을 고객으로 정하고 사업에 뛰어들었다. 고객이 자신에 대한 정보를 알려주면 연애소설에서 주인공을 소개하는 부분에 고객의 모습을 묘사하는 방식이다.

　우리나라에도 자작나무(www.positive.co.kr), 상상나무(www.sangsangnamu.com), 퍼블로그(www.publog.co.kr) 등 많은 맞춤 서

적 업체가 성업 중이다.

맞춤화가 유행하면서 관객들이 레퍼토리를 직접 정하는 맞춤 공연도 등장했다. 2002년 미국의 성악가 제시 노먼(Jessye Norman)의 내한 공연은 관객들의 의사를 물어 레퍼토리를 결정한 대표적인 맞춤 공연이었다. 당시 공연 주최 측은 온라인 투표와 관객 설문을 통해 네 가지 레퍼토리를 구성해놓고 그 중 인기가 높은 두 가지를 정했다. 그 결과 하루는 가곡, 하루는 재즈로 꾸며 각기 다른 색깔의 공연으로 호평을 받았다.

최근의 언론 보도에 따르면 서울대가 학생들이 스스로 구성하는 맞춤형 강의를 곧 도입할 예정이라고 한다. 바야흐로 맞춤화 전성시대라고 할 수 있다.

고객화(customization)의 추세를 반영한다고 할 수 있는 맞춤화 경향은 누구나 전편일률적으로 똑같은 상품을 구매해야 하는 대중화에 반하여 개성화(personalization)를 추구하는 거시적 트렌드이다.

길모어와 파인(Gilmore and Pine, 1997)은 외관의 변화와 제품의 변화 여부에 따라 대중맞춤화(mass customization)의 영역을 네 가지로 구분했다.

첫째, 적응적 맞춤화는 외관이나 제품의 내용은 변화가 없지만 고객이 자신의 취향에 따라 불필요한 것들을 없애고 필요한 것들로만 제품을 구성할 수 있는 방법이다.

둘째, 표면적 맞춤화는 동일한 제품을 달리 포장하는 등의 방법으로 모양을 바꿔서 변화를 주는 것이다.

대중맞춤화의 유형

맞춤화의 유형	특징
적응적 맞춤화(adaptive customization)	외관이나 제품의 내용에 변화가 없는 경우
표면적 맞춤화(cosmetic customization)	외관의 변화만 있는 경우
내용적 맞춤화(transparent customization)	제품 내용의 변화만 있는 경우
공동맞춤화(collaborative customization)	외관과 제품이 다 변화하는 경우

자료 : Gilmore and Pine(1997)을 재정리.

셋째, 내용적 맞춤화는 고객에 따라 각각 다른 제품과 서비스를 제공할 수 있는 방법이다. 즉 고객의 욕구와 행동을 관찰하여 그 결과를 제품에 반영하는 것이다.

넷째, 공동맞춤화는 고객과의 대화를 통해 고객이 원하는 것을 파악하고 이를 충족시킬 수 있는 방법을 연구한 뒤 맞춤 상품으로 고객의 요구에 부응하는 것이다.

디지털은 우리 생활의 모든 영역에서 개인맞춤화가 가능하게 해준다. 이러한 트렌드에 발맞춰 기업들은 개별 고객에게 보다 큰 가치를 제공할 수 있는 다양한 맞춤 상품과 서비스를 개발하기 위해 노력하고 있다.

이러한 변화를 가장 먼저 수용한 분야는 인터넷 포털업체들이다. 2006년 8월에 정식 개편된 야후코리아의 초기 화면은 사용자가 취향에 따라 편집할 수 있게 꾸며 화제가 되었다. 메인 화면의 뉴스, 스포츠, 쇼핑, 패션, 네티즌 인기 콘텐츠 등 주요 메뉴를 사용자가 입맛에 따라 편집할 수 있게 해놓은 것이다. 가령, 뉴스나 스포츠보다 온라인 쇼핑에 관심이 많은 사용자들은 초기 화면에서 쇼핑 메뉴를 가장 상단에 둘 수 있으며, UCC 콘텐츠에 관심이 많은 사용자는 UCC 정보를 상단에 배치할 수 있다. 뿐만 아니라 관심이 없는 메뉴는 '닫기' 아이콘을 클릭해서 아예 보이지 않게 할 수도 있다.

이러한 개인맞춤화의 추세는 앞으로 더욱 진화를 거듭할 것으로 전망된다.

Marketing Tip

고객을 사로잡을 다양한 맞춤 상품을 개발하라

대중 상품(mass product)에 싫증이 난 디지털 시대의 소비자들은 자신만의 개성을 한껏 표출할 수 있는 제품을 원하기 때문에 점점 더 희귀한 브랜드, 희귀한 디자인을 찾는다. 천편일률적이고 개성 없는 상품으로는 이러한 소비자의 눈길을 사로잡기 힘들다. 따라서 기업은 고객이 자신의 개성을 마음껏 표출하고 남과 차별화할 수 있는 다양한 맞춤 상품과 서비스를 개발하기 위해 노력해야 할 것이다.

휴대전화를 구입할 때 고객이 원하는 기능을 선택하여 구매할 수 있게 하는 정도의 맞춤화는 그리 어려운 일이 아니다. 최근에 등장한 맞춤 애견식을 보면 맞춤화가 얼마나 급속히 진전되고 있는지를 알 수 있다. 네슬레 퓨리나 팻케어는 소화기 장애, 심장 질환, 비만, 음식물 알레르기 등 애견들의 네 가지 대표적인 질병에 주목한 맞춤형 애견식 4종을 출시하고 애견의 건강 상태에 따른 맞춤 영양식 처방 서비스를 제공하여 좋은 반응을 얻고 있다. 이처럼 고객과의 긴밀한 관계를 통해 더욱 다양한 맞춤 상품과 서비스를 제공하는 기업만이 고객의 사랑을 받을 것이다.

이러한 개인맞춤화의 추세는 과연 어디까지 확산될까? 보는 사람 각자가 주인공으로 등장하는 다양한 버전의 디지털 영화가 조만간 등장할지도 모를 일이다.

나만의 세계를 원한다
- 디지털 코쿠닝

코쿠닝(cocooning)은 페이스 팝콘(Faith Popcorn)의 저서 《클릭! 미래 속으로》에 처음 등장하여 대중적으로 유행하게 된 개념이다. 코쿤(cocoon)은 누에고치라는 뜻이다. 코쿠닝은 사람들이 위험하고 예측 불가능한 현실에서 도피해 누에고치같이 편안한 안식처를 찾는다는 의미이다. 여기서 안식처는 가정이 될 수도 있고, 마음 맞는 사람들의 공동체가 될 수도 있다. 코쿠닝은 1990년대 말 이후 여러 분야에서 화두가 되었다.

그러나 과거의 코쿠닝이 단순한 칩거에 가까운 방어적 개념이었던 데 반해, 최근에는 디지털 기술과 결합하여 보다 개방적인 특성을 가진 디지털 코쿠닝이라는 개념이 생겨났다. 인터넷을 비롯한 디지털 기술을 자유자재로 이용하면서 삶을 즐기는 새로운 코쿠닝족이 기존의 코쿠닝족과 다른 점은 자기 자신에 대한 만족도이다. 그들은 디지털 기술에 대한 자신의 적극적인 활용 능력을 뿌듯해하며 또 다른 디지털 문화를 파생시킨다.

디지털 코쿠닝 역시 외부 환경으로부터 자신을 보호하고자 하는 본능에서 출발한다. 그러나 디지털 코쿠닝은 엔터테인먼트와 인터넷의 결합이라는 점에서 이전과 뚜렷하게 차별화된다. 도피적이고 수동적이기만 한 것에 능동성과 오락성이 덧붙여졌다는 말이다. 최근의 소비자들은 게임과 MP3 음악, DVD, 블로그 등 디지털 기술과 인터넷을 즐긴다. 다시 말해 디지털 코쿠닝이란 자신만의 세계에서 디지털 기술이 제공하는 다양한 콘텐츠나 엔터테인먼트에 몰입하는 현상을 일컫는다(LG경제연구원, 2010미래트렌드 2005).

최근 젊은이들 사이에서 인기를 끌고 있는 닌텐도 DS 같은 제품은 디지털 코쿠닝을 구현할 수 있는 대표적 상품이다. 디지털 코쿠닝의 가장 큰 특징은 이러한 디지털 기기의 활용을 통해 자기만의 세계를 구축하고 있다는 자신감과 만족을 추구한다는 것이다. 과거의 코쿠닝이 물리적인 칩거의 의미가 강했다면, 디지털 코쿠닝은 오히려 물리적 장소의 영향으로부터 자유롭다. 디지털 기기만 있으면 버스든, 지하철이든, 어디에서나 나만의 세계를 만들어낼 수 있기 때문이다.

한편, 디지털 코쿠닝 트렌드는 '인스피리언스(insperience, indoor + experience)'라는 키워드와 깊은 관련이 있다. '인스피리언스'는 영국의 트렌드 전문 사이트인 트렌드와칭닷컴(www.trendwatching.

com)이 소개한 개념으로, '밖에서 가능하던 활동을 집 안에서 즐기려는 트렌드'를 의미한다. 즉 집 안에서 만사를 체험하려는 추세를 말한다(LG주간경제, 807호). 트렌드와칭닷컴은 그 예로 집 안에 최첨단 홈시어터나 체육관 시설을 갖추는 것과 가정용 고급 커피 제조기, 패션숍의 출장 서비스 등을 들었다.

인스피리언스와 관련하여 최근에 유행하는 라이프스타일 중 하나는 내 손으로 필요한 것을 직접 만드는 DIY 트렌드이다. 이는 트렌드와칭닷컴이 소개한 인스피리언스의 개념과도 일맥상통한다. 요즘 잘나가는 주부라면 홈 베이킹 정도는 해야 유행에 뒤처지지 않는다고 인정받는다. 대량생산된 제품을 사는 대신 집에서 내가 원하는 재료를 가지고 내 스타일대로 만드는 사람들이 늘고 있다.

또한 가정용 에스프레소 기계의 판매 증가, 각종 인테리어 소품 판매 사이트의 매출 증대는 인스피리언스 트렌드가 확산된 결과라고 볼 수 있다. 앞으로 인스피리언스 트렌드는 디지털화와 우리 생활의 모든 영역에서 새로운 소비 문화로 자리 매김할 것으로 예상된다.

Marketing Tip

디지털 코쿠닝을 지원하는 상품에 눈을 돌려라

디지털 코쿠닝과 인스피리언스는 실내 엔터테인먼트의 유행과 고급화 추세를 불러올 것으로 보인다. 집 안에서 즐길 수 있는 무궁무진한 놀거리가 생겨남과 동시에 주머니가 넉넉한 성인층의 구미에 맞추기 위해 고급화가 가속화될 것이기 때문이다. 집 안에서 오락이나 운동을 즐길 수 있는 홈시어터나 러닝머신을 비롯하여, 에스프레소 기계와 오븐 등 풍요로운 생활을 즐기는 데 필요한 제품들도 앞으로 수요가 늘어나면서 고급화될 대표적인 제품군이다.

더 나아가 디지털 코쿠닝을 위한 대표적인 제품으로 '어른을 위한 장난감'을 생각해볼 수 있다. 가장 대표적인 예가 바로 게임이다. 이제 게임은 어린아이들의 전유물이 아니다. 소니 플레이스테이션의 경우 높은 가격과 빼어난 그래픽으로 오히려 성인 사용자가 더 많다. 미국에서는 신기한 첨단 전자제품을 판매하는 체인점 샤퍼 이미지(Sharper Image)가 '최첨단 장난감 가게'를 모토로 급성장하고 있다. 국내에서도 독특한 제품을 소개하는 얼리어답터(www.earlyadopter.co.kr)라는 인터넷 사이트가 상당한 인기를 얻고 있다.

최근 미국뿐 아니라 우리나라에서도 선풍적인 인기를 끌고 있는 다양한 UCC 사이트나 커뮤니티 사이트의 활성화는 디지털 코쿠닝의 추세를 반영한 것이라고 할 수 있다. UCC를 손쉽게 제작할 수 있는 다양한 관련 IT 상품들이 인기를 끌고 있는데 이를 활용하는 비즈니스 모델의 활성화는 디지털 코쿠닝을 지원하는 상품들을 더욱 다양하게 등장시킬 것으로 예견된다.

디지털 클래닝
- 끼리끼리 모이기

'벼슬짱'이라는 동호회가 있다. 혹시 벼슬하기를 좋아하는 사람들의 모임일까? 천만에! 닭 벼슬만으로 각종 요리를 만들어 먹는 사람들의 동호회이다. 이 동호회에서는 재래시장을 뒤져서 누가 가장 위생적이고 살이 통통 오른 닭 벼슬을 많이 샀는가에 따라 회원의 등급이 매겨진다. 닭 벼슬을 보고 토한다든가 혐오스런 눈빛으로 쳐다본다든가 하면 동호회에서 퇴출될 수도 있다. 이 동호회의 회원들은 닭 벼슬 요리를 먹고 각종 시험을 보면 벼슬을 한다는 징크스를 갖고 있다고 한다.

최근 우리 사회에는 이처럼 다양한 유형의 모임이 성행하고 있다. 이를 클래닝(clanning)이라고 하는데, 우리말로 유유상종, 끼리끼리 모인다는 뜻이다. 즉 가치관이나 신념, 관심사가 같은 사람들이 어울려 안락함과 든든함을 느끼는 것이다. 과거에도 오프라인에서 동호회나 각종 모임의 형태로 이러한 현상이 존재했지만 디지털 환경에서는 클래닝이 보다 손쉽고 광범위하게 전개되고 있다. 우리나라에서 특히 활성화된 각종 인터넷 커뮤니티나 카페 등이 이러한 클래닝 현상을 잘 보여준다.

인터넷 포털사이트 다음에 카페라는 이름으로 등록된 커뮤니티가 2007년 7월 현재 600만 개에 이르고, 네이버에는 2007년 7월 현재 모두 350여만 개의 카페가 등록되어 있다. 이 가운데에는 '축구사랑', '맏며느리클럽', '서가모(서울대가기모임)', '샘플마니아' 등을 비롯해 투자, 재혼, 질병, 스포츠 등 주제별로 수많은 모임이 그들만의 세계를 깊이 파고들며 커뮤니티 문화를 형성하고 있다.

페이스 팝콘은 코쿠닝과 클래닝을 디지털 시대의 최우선적인 트렌드로 제시했다. 디지털 환경의 소비자는 혼자만의 세계를 원하는 코쿠닝 성향과 함께 현대사회의 고독감과 불안감을 달래고 심리적 안정을 누리기 위해 끼리끼리 모이는 클래닝 성향도 아울러 가지고 있다는 것이다.

아날로그 시대의 클래닝이 대부분 학연이나 지연 등 물리적 요소에 따른 단순한 구분이었다면, 디지털 시대의 클래닝은 다양한 관심사와 개인적 취향을 폭넓게 반영한다. 이러한 이유로 디지털 시대의 클래닝은 아날로그 시대보다 더 다양화되고 수적인 면에서도 훨씬 증대되었다고 할 수 있다.

디지털 시대에는 심지어 모이기 위해 모인다는 말이 나올 만큼 다양한 모임이 존재한다.

TV 드라마나 영화에 등장하는 배우나 인물에 애정을 가진 사람들이 각종 모임을 만들고, 이러한 모임의 활성화 정도에 따라 작품의 성공 여부가 크게 영향을 받기도 한다.

자기가 쓴 소설을 올리고 서로서로 평가해주는 인터넷 소설 카페, 강아지를 좋아하는 사람들이 모여 애견 정보를 교환하는 도그 카페, 실연당한 사람들이 모인 실연 카페, 무좀 환자들이 치료 정보를 교환하는 무좀 카페까지 거의 모든 일상사와 관련된 커뮤니티가 존재한다고 해도 과언이 아니다.

이러한 디지털 클래닝이 일반화되면서 인터넷 커뮤니티에서 소비자의 참여 정도가 매우 적극적으로 변화했다. 2006년 6월 한국인터넷진흥원이 인터넷 사용자를 조사한 결과에 따르면, 인터넷 사용자의 78% 정도가 카페나 커뮤니티 활동을 하고 있으며 이들 중 대다수는 2~3개 이상의 커뮤니티에서 적극적으로 활동하는 것으로 나타났다. 또 10개 이상의 커뮤니티에 적극적으로 참여하는 사용자도 11.6%나 되는 것으로 드러났다.

디지털 클래닝의 한 예로 라면을 사랑하는 인터넷 동호회가 있다. 회원들이 매달 모여 라면 시식회를 가지거나 특이한 라면 요리법을 공유하는 등 그야말로 라면 마니아들의 모임이다. 이들은 다양한 라면 조리법과 활용법을 담은 책자를 출판할 정도로 열혈 마니아들이다. 한 라면 회사는 신제품을 개발할 때 이들에게 미리 시식을 의뢰하기도 하고 여러 가지 라면 요리법을 수집, 유포하는 창

라면요리대회에 출품된 고급스런 라면 요리들

자료 : http://www.nongsim.co.kr

   구로 활용하고 있다. 라면에 관한 한 이들이 진정한 얼리어답터이기 때문이다.

   음식 축제로 자리매김해가고 있는 '농심 라면요리왕 선발대회'가 대표적인 예로 2006년에 벌써 6회째를 맞이했다. 이 행사는 참가 신청자 중 심사를 거친 100명이 본선에 진출하는데, 다양하고 기발한 라면 요리의 진수를 선보여 라면의 수준을 한 단계 업그레이드했다고 평가받는다. 이러한 행사가 제품과 기업의 이미지를 제고하는 데 기여한다는 것이 주최 측의 평가이다.

Marketing Tip

소비자 참여를 유도하는
차별화된 커뮤니티를 개발, 지원하라

디지털 시대의 소비자들은 자신의 관심사를 충족시키고 관련 정보를 공유할 수 있는 다양한 커뮤니티 활동에 적극적이다. 이러한 소비자의 욕구를 충족시켜주기 위해 기업은 차별화되고 독특한 커뮤니티 운영에 관심을 기울일 필요가 있다. 예를 들어 무좀약을 판매하는 제약회사라면 무좀 환자들의 커뮤니티에 관심을 가져야 한다. 커뮤니티를 개설해 치료 정보를 제공하면서 자사 제품의 체험단을 구성하는 한편, 이를 통해 충성 고객을 확보하고 그들의 입소문을 기대할 수 있을 것이다.

끼리끼리 모일 수 있는
콘텐츠를 제공하라

많은 기업들이 소비자를 모으기 위해 브랜드 커뮤니티 등 온라인 모임을 만들지만 모임의 활성화는 모임의 결성 못지않게 중요하고 힘든 작업이다. 소비자들을 모으기도 힘들지만 이들이 지속적으로 활동하면서 자사 제품이나 브랜드에 관심과 애정을 가지게 하는 것은 더욱 힘든 일이다. 끼리끼리 모이는 모임을 활성화하려면 이들이 흥미를 잃지 않을 수 있는 놀거리, 이른바 콘텐츠와 프로그램을 제공하는 것이 매우 중요하다. 다양하고 참신한 콘텐츠의 개발과 함께 소비자 스스로 콘텐츠를 창출할 수 있는 프로그램을 개발하는 것이 디지털 클래닝의 핵심 과제라고 할 수 있다.

유행 동조 경향
– 요즘 뜨는 게 뭐지?

 직장인 김 대리는 아침에 출근하자마자 컴퓨터를 켠 뒤 메일을 확인하고는 요즘 뜨는 이야기, 뜨는 상품에 대해 검색한다. 최신 트렌드를 검색하는 것으로 하루를 시작하지 않으면 사회적 유행이나 동향에 둔감해지고 직장 내 선후배 사이에서도 잘나가는 사람으로 평가받지 못하기 때문이다. 최근의 사회 현상을 간파하고 최신 유행에 뒤지지 않아야만 능력 있고 잘나가는 직장인으로 평가받는 것이 요즘의 사회적 분위기이다.

 이른바 뜬다는 것, 즉 사회적 유행이란 한 사회에서 많은 사람들에 의해 일정 기간 동안 계속되는 동조적 행동을 의미한다. 유행의 내용을 살펴보면 패션, 헤어스타일, 음악, 언어, 스포츠, 드라마, 인생관 등 다양한 분야에 걸쳐 있다. 뿐만 아니라 남녀노소 할 것 없이 누구나 조금씩은 유행을 따르고 있음을 볼 수 있다. 그러나 디지털 시대에는 유행이 더욱 다양화되고 가속화된다. 왜일까?

디지털 시대의 소비자는 최신 유행이나 신제품, 요즘 뜨는 제품과 이야기 등에 대한 관심이 높다. 요즘 뜨는 이야기를 모르면 왠지 다른 사람들에게 뒤처지고 있다는 불안감마저 느낀다.

디지털 시대의 소비자는 개성이 강하여 다른 사람과 차별화되기를 원한다. 그러나 또 한편으로는 다른 사람들이 어떻게 생각하고 요즘 유행하는 것이 무엇인지에 대해 민감하게 반응한다. 이러한 현상은 사회가 급변하면서 혹시나 내가 뒤처지지 않을까 하는 불안감의 표출일 수도 있다. 인터넷을 통해 요즘 뜨는 이야기를 검색하면서 사회적 트렌드를 좇아가려는 사람이 많은 것이 그것을 말해준다. 마치 미니홈피나 블로그를 운영하지 않으면 구시대적인 사람으로 취급받는 것과 같다고나 할까?

이처럼 사회적 유행에 관심을 기울이는 행위는 빠르게 변화하는 디지털 세상에서 소외되지 않고 주변 사람들과의 동질감을 획득할 수 있는 중요한 전제조건이다. 요즘 뜨는 것들에 대해 알고 있다는 사실이 디지털 세상에서의 소외로부터 나를 지켜주는 기반이 되는 것이다. 따라서 디지털화가 진전될수록 이러한 사회적 동조 현상은 더욱 심화될 것으로 예상된다.

디지털 환경에서는 속도나 범위 면에서 이전과 비교할 수 없을 정도로 유행이 빠르고 광범위하게 전개된다. 실제로 영화 산업의 경우 개봉 첫 주 관객들의 입소문이 영화의 흥행 여부를 결정한다. 이 때

2007년 여름 일부 영화 평론가와 네티즌 간에 논쟁을 촉발시킨 영화 〈디워〉

자료 : http://www.d-war.com

문에 영화에 대한 기대감과 긍정적인 입소문을 극대화할 수 있는 개봉 전 마케팅이 매우 중요해지고 있다.

2007년 1월 중순, 블로거들 사이에 가장 큰 화제를 모은 것은 애플 사가 출시할 예정인 '아이폰'이었다. 블로그 조사기관인 닐슨 버트메트릭스는 1월 9일 미국 라스베이거스 전자쇼에서 아이폰이 첫선을 보인 뒤로 약 10일 동안 블로그에서 가장 많이 언급된 제품이라고 발표했다. 아직 출시되지도 않은 제품이 온라인상에서 가장 많이 검색된 제품으로 등극한 것이다.

2007년 여름에 개봉된 영화 〈디워(The War)〉의 경우, 내용 자체보다 영화를 둘러싼 논쟁이 영화에 대한 관심을 고조시키며 사회적 이슈가 되어 많은 소비자를 자극했다.

신제품 출시 전의 이러한 '띄우기'는 많은 경우 제품의 성패를 좌우하게 된다. 디지털 환경이 출시 전 띄우기의 중요한 수단이 되고 있다. 디지털 환경에서 기업들은 자사의 신제품과 관련한 유행, 입소문, 트렌드를 보다 빠르고 용이하게 확산시킬 수 있게 되었다. 이러한 '디지털 띄우기 전략'은 최근 마케팅 분야의 중요한 이슈 중 하나가 되고 있다.

Marketing Tip

유행을 주도하라

최근 우리 사회에 불고 있는 일명 생얼, S라인, 웰빙, 로하스 열풍 등은 유행 동조 현상이 디지털 환경에서 얼마나 빠르게 확산되는지를 잘 보여준 사례이다. 이러한 유행 동조 현상은 기업에게 기회인 동시에 위협 요인이 되기도 한다. 사회적 유행을 타고 제품이 빠르게 확산되기도 하지만, 유행이 지나면 제품의 수명이 순식간에 끝나버리기 때문이다. 유행의 순환 주기는 갈수록 빨라지고 있다. 따라서 기업은 사회적 유행을 간파하고 그 흐름을 주도할 수 있도록 끊임없이 노력해야 한다. 디지털 환경은 수많은 유행을 끊임없이 창조한다. 그리고 이러한 유행은 이전보다 더 빠르고 강력하게 소비자들을 움직일 것이다. 내일의 유행 코드를 예측하고 한 발 앞서 준비하는 것이 기업의 경쟁력이 될 것이다.

Chapter 4

정보 나눔터인가
패거리의 무대인가

모여야 산다
- 디지털 커뮤니티의 확산

디지털 시대에는 사람과의 만남에 시공간적 제약이 사라지고, 생각이나 의견을 자유롭게 표현할 수 있게 됨에 따라 커뮤니티 문화가 활성화되었다. 사람들은 이를 통해 다양한 정보를 공유하는 등 여러 가지 혜택을 얻고 있다. 그러나 이러한 커뮤니티 문화는 여러 사람들이 모여서 자신의 의사를 관철시키려는 형태로 활용되기도 해서 기업이나 사회 문제에 큰 영향력을 행사하는 집단적인 힘이 되기도 한다. 여기서는 디지털 시대에 활성화된 커뮤니티 문화의 다양한 모습들을 살펴보자.

인터넷에는 각종 토론방, 커뮤니티, 게시판 등을 통해 다양한 형태의 공동체가 활성화되어 있다. 2004년 말 인터넷 카페와 블로그 등 커뮤니티 공간이 1,000만 개를 넘어섰다고 하니 커뮤니티는 이제 인터넷 세상의 일상적 단면이 되었다. 한국인터넷진흥원의 "2006년 인터넷 이슈 심층 조사"에 따르면, 인터넷 이용자들의 77.8%가 동호회나 커뮤니티에 참여하고 있으며, 85.5%가 블로그나 미니홈피를 가지고 있는 것으로 나타났다. 이런 결과는 커뮤니티가 없는 인터넷 이용은 상상하기 어렵다는 것을 보여준다. 디지털 시대에 수많은 커뮤니티는 네티즌들 간의 친목을 다지는 대표적인 공간이 되었을 뿐 아니라, 공통의 문제에 대해 다양한 의견을 표출하는 의사소통의 창구 역할을 하고 있다.

디지털 커뮤니티의 뿌리는 PC통신 동호회라고 할 수 있다. 하이텔, 천리안, 나우누리 등을 중심으로 동호회 문화가 생겨나서 오늘날의 디지털 커뮤니티가 형성된 것이다. 1997년 네띠앙이 처음으로 개인 홈페이지와 동호회 서비스를 무료로 제공하면서 본격적인 디지털 커뮤니티 시대를 맞이하게 되었다. 1999년 5월 다음 카페는 서비스 개시 3개월 만에 1만 4,000여 개의 동호회가 만들어질 정도로 인기가 높았다. 이와 비슷한 시기에 프리챌, 네오위즈, 세이클럽, 아이러브스쿨 등의 커뮤니티 사이트가 등장하면서 디지털 커뮤니티에 대한 관심이 높아졌다. 그후 싸이월드, 블로그 등의 개인형 커뮤니티가 출현하였고, 현재까지 급격히 성장하고 있다. 최근에는 UCC를 중심으로 한 커뮤니티 등으로 끊임없이 발전하고 있다.

이러한 인터넷 커뮤니티들은 디지털 시대에 새롭게 등장한 것일까? 그 대답은 커뮤니티를 우리말로 번역해보면 의외로 간단하게 나온다. 커뮤니티는 우리에게 매우 친근한 공동체라는 뜻이다. 기본적으로 인간은 사회적 동물로서 어떤 곳에 속하지 않고서는 불안을 느끼는 존재이다. 특히 집단주의 문화권에 살고 있는 우리에게 공동체는 더욱 중요하다. 다른 사람들과 어울려 살아가는 방식에 익숙한 우리에게 공동체는 사회를 살아가는 데 필요한 기본적인 공간이다. 이런 이유에서 우리나라 사람들은 예부터 혈연, 지연, 학연 등에 의한 공동체를 중요하게 생각해왔다.

오프라인에서의 만남은 시공간적 제약을 받는다. 이런 이유 때문에 오프라인에서는 참여할 수 있는 공동체의 수와 유형이 제한적일 수밖에 없었다. 그러나 디지털 시대에 접어들면서 이러한 제약이 사라지고 인터넷을 통한 다양한 만남이 가능해지면서 디지털 커뮤니티가 꽃을 피우게 되었다. 디지털 환경에서 시공간적 제약은 더 이상 문제가 되지 않고, 커뮤니케이션 기술이 발달함에 따라 상호작용할 수 있는 매체나 방법도 다양해졌다. 이에 따라 더 많은 사람들이 디지털 커뮤니티를 통해 과거보다 더욱 밀접하게 상호작용할 수 있게 되었다. 디지털 커뮤니티에서는 게시판에 글을 올리거나 채팅을 하는 등의 상호작용뿐 아니라, 커뮤니티 구성원 간에 전화나 이메일, 정기 모임과 같은 오프라인 모임 등을 통해 다양한 형태로 상호작용할 수 있다.

디지털 환경에서 소비자들은 다양한 커뮤니티에 참여함으로써 친밀감과 정서적 유대감을 느끼고 사회적 욕구를 충족시킨다. 또 관심 있는 주제와 관련된 여러 커뮤니티에 참여함으로써 공통의 관심사에 대해 다양한 정보를 얻는다. 이밖에도 디지털 커뮤니티에서 자신의 생각이나 의견을 표현함으로써 자부심을 높이고 자신의 정체성을 확인한다.

한편, 여러 사람이 모이는 디지털 커뮤니티는 집단화된 소비자들의 모임으로서 소비자의 힘을 결집시키고 이를 강화시킨다. 소비자들은 이제 각종 커뮤니티를 통해 자신들의 힘을 집단화함으로써 제품의 소비와 생산에 상당한 영향을 끼치고 있다. 이에 따라 디지털 커뮤니티는 제품이나 서비스의 생산 및 유통 과정에 참여하거나 그것을 평가, 분석하는 등 능동적인 역할을 수행하게 되었다.

예컨대 디시인사이드(www.dcincide.com)는 디지털카메라 제품에 대한 다양한 평가와 분석 정보를 제공함으로써 디지털카메라 제조 회사들에게 상당한 영향력을 발휘하고 있다. 또 〈고양이를 부탁해〉라는 영화의 경우 이 영화를 좋아하는 팬들이 자발적으로 나서서 상영이 끝난 작품을 재개봉시키는 데 성공했다. 이는 소비자들이 유통 과정에 개입하여 스스로 제품을 유통시킨 사례이다.

Marketing Tip

디지털 커뮤니티는 새로운 시장이다

기업은 디지털 커뮤니티를 고객의 의견 및 고객 데이터를 수집하고 고객과의 관계를 강화하는 데 활용해야 한다. 디지털 커뮤니티를 잘 활용하면 소비자의 구전을 활성화할 수 있고 이를 이용하여 마케팅 활동을 전개할 수도 있다. 실제로 휴대전화 제조회사들은 신제품이 출시되기 전에 여러 커뮤니티에 시제품을 넘겨 신제품에 대한 리뷰를 유도하고 이를 이용해 바람몰이를 하고 있다. 휴대전화 커뮤니티 사이트에 신속하게 올라오는 단말기 리뷰가 제품의 판매량 및 수명을 결정한다는 것은 업계에서는 이제 상식으로 통한다.

디지털 커뮤니티는 구매 의도와 구매 능력이 갖춰질 경우 언제라도 하나의 시장으로 변모할 수 있는 높은 잠재력을 가지고 있다. 커뮤니티 참여자들이 일상생활에서 소비자나 구매자의 역할을 수행하고 있고, 특정 기업이나 제품을 중심으로 한 커뮤니티가 아니더라도 다양한 활동, 관심사, 취미와 관련하여 여러 가지 형태의 비즈니스 기회가 존재하기 때문이다. 이러한 점에서 디지털 커뮤니티를 활용하여 다양한 비즈니스 모델을 창출할 수 있다. 예를 들어 커뮤니티 참여자들에게 직접적으로 광고를 하거나 그들이 필요로 하는 상품과 서비스에 대해 공동구매 등의 형태로 접근하는 것도 좋은 방법이다. 디지털카메라의 대표 사이트인 디시인사이드의 경우에도 공동구매를 통해서 많은 매출을 올리고 있는데 2003년의 경우 90억 원 가까운 매출을 기록했다.

모여 사는 방식도 여러 가지
― 디지털 커뮤니티의 유형

디지털 시대에 급격히 확산되고 있는 디지털 커뮤니티는 그 수만큼이나 유형도 다양하다. 이처럼 디지털 커뮤니티의 유형이 다양하다는 것은 그것을 통해 사람들이 얻고자 하는 혜택이 다양하다는 말이다. 여기서는 대표적인 몇 가지 유형의 디지털 커뮤니티를 살펴보자.

디지털 시대에 가장 활성화된 커뮤니티 중 하나가 관계를 중심으로 형성된 커뮤니티이다. 인터넷이 확산되기 시작하던 1990년대 말에서 2000년대 초에는 과거부터 존재하던 학연, 지연 등의 관계를 중심으로 한 공동체를 디지털 환경에 이식하려는 시도가 나타났다. 대표적인 커뮤니티 사이트가 다모임(www.damoim.net), 아이러브스쿨(www.iloveschool.net) 등이다. 이들 커뮤니티 사이트는 회원으로 가입한 뒤 출신 학교 등을 입력하면 초·중·고교 및 대학 동창들의 명단을 찾아주고 학연으로 연결된 사람들이 한자리에 모일 수 있는 공간을 마련해준다.

이러한 집단적인 관계를 중심으로 형성된 디지털 커뮤니티들이 개인적인 관계를 중심으로 진화한 형태가 싸이월드이다. 싸이월드는 미니홈피를 통해 여러 사람들과 교류할 수 있는 커뮤니티 공간이다. 이것은 또한 오프라인 공간의 개인적인 관계들을 인터넷에 옮겨 놓은 형태의 커뮤니티이다. 개인을 중심으로 한 커뮤니티이다 보니 가족관계에서나 찾아볼 수 있는 촌수 개념을 도입한 것이 특징이다.

싸이월드에서 일촌은 서로가 친밀하게 교류하기로 동의한 친구 사이이다. 일촌 관계를 원하는 사람이 일촌 맺기를 신청하고 상대방이 이를 승인하면 두 사람의 관계는 일촌이 된다. 일촌이 되면 오프라인의 가족처럼 미니홈피 주인이 일촌에게만 공개하는 게시물이나 사진 등을 볼 수 있고, 일촌 관계에 있는 사람들의 생일 공지와 주소록 자동 업데이트 등 일촌에게만 제공되는 특별 서비스를 받을 수 있다. 일촌의 미니홈피를 수시로 방문해서 글을 읽고 흔적을 남기는 등의 행동은 오프라인 세계의 인간관계와 유사하다. 이런 서비스 외에 자신이 알고 있는 일촌의 일촌, 그 일촌의 일촌의 미니홈피를 차례로 방문해서 인간관계를 넓혀가는 '파도타기' 등의 기능이 있어서 잘 알지 못하는 사람들과도 교류할 수 있다.

싸이월드는 도입 이후 선풍적인 인기를 얻어 2004년 9월 30일에 마침내 가입자가 1,000만 명에 이르렀다. 2004년 8월에 집계한 결과에 따르면 20대 초반 인터넷 사용자의 91% 이상이 정기적으로 싸이월드를 방문하고 있는 것으로 나타났다. 이후로도 싸이월드의 인기가 계속되면서 '싸이질', '싸이폐인', '싸이홀릭' 등의 유행어가 등장했다(김병수, 2004).

인터넷에는 스포츠, 취미, 여행, 음악을 비롯한 공통의 취미나 주제를 중심으로 한 커뮤니티들이 많이 존재한다. 그 대표적인 예가 디시인사이드이다. 디시인사이드는 1999년 하이텔에서 유머 작가로 활동하던 김유식 씨가 만든 디지털카메라 전문 커뮤니티 사이트이다. 처음에는 디지털카메라에 관심을 가진 사람들이 모여서 정보를 나누는 커뮤니티로 출발했지만 현재는 포털이라 불릴 정도로 규모가 커졌다. 이 사이트의 김유식 대표는 일본 유학 후 디시인사이드라는 사이트를 만들어 디지털카메라에 대한 정보를 꾸준히 올리고 지속적인 리뷰 정보를 제공했다. 이와 더불어 디지털카메라에 관심이 있는 사람이라면 누구든지 이용할 수 있도록 사이트를 운영했고 이용자들이 서로 교류할 수 있는 다양한 형태의 소모임을 만들었다.

디시인사이드에는 디지털카메라 사용자가 자신들이 찍은 사진을 주제별로 올리는 게시판인 유저갤러리가 있다. 유저갤러리에서는 사진을 올리는 것 외에 사진에 대한 자신의 의견을 간단히 적을 수 있다. 이용자들은 이러한 댓글을 통해 게시물에 대해 칭찬 또는 비판하며 서로의 의견을 교환한다. 이로써 유저갤러리는 자연스럽게 사진과 관련된 토론이 이루어지는 장이 되었다. 이런 기능을 통해 재미있는 사진과 글이 늘어나고 그것을 보려는 방문객이 증가하면서 디시인사이드는 디지털카메라에 관한 한 대표적인 커뮤니티 사이트로 자리 잡았다. 디시인사이드는 디지털카메라에 관심을 가진 사람이라면 누구나 한 번은 방문해야 하는 사이트로 인식되기 시작했다. 그에 따라 디시인사이드는 하나의 문화 집단으로서 영향력을 행사하기에 이르렀다. 디시인사이드에 올라오는 제품 리뷰가 막강한 영향력을 발휘하자 디지털카메라 제조회사들도 이 사이트의 제품 리뷰에 귀를 기울이게 되었다. 디시인사이드 이용자들은 이 커뮤니티를 공동구매 등에도 적극 활용하고 있다(김경원, 2004 ; ZDNET Korea, 2003).

디지털 시대에 접어들어 가상의 세계에서 환상과 즐거움을 경험할 수 있는 게임, 사진, 애니메이션 등이 발전하게 되었다. 그리고 이런 환상과 즐거움을 추구하는 사람들이 모여서 그들만의 커뮤니티를 형성하기에 이르렀다. 예컨대 온라인 네트워크 게임이 활성화되면서 상대방과의 대결을 통해 승부욕을 충족시키거나 현실에서 경험하기 힘든 환상을 추구하려는 사람들이 모인 게임 커뮤니티들이 나타났다. 대표적으로 리니지 게임의 경우 수십만 명의 사용자가 동시에 접속하여 가상의 게임세계를 만들고 그 속에서 다른 사람들과 교류하면서 재미를 만끽한다. 새로운 게임세계에 몰입하여 현실을 잠시 망각하는 이용자들도 있다.

게임의 인기와 더불어 게임 이용법과 이해를 돕는 많은 게임 커뮤니티가 등장하여 높은 인기를 얻고 있다. 순위 체크 사이트인 랭키닷컴에 따르면, 비디오 게임 커뮤니티인 루리웹(www.ruliweb.com)과

온라인 게임 커뮤니티인 플레이포럼(www.playforum.net) 등은 전체 60위권에 올라 있을 정도로 인기가 높다(한재혁, 2005 ; 조학동, 2006).

Marketing Tip >>>>>>>>>>>>>>>>>>>>>>

커뮤니티의 유형을 고려하라

디지털 커뮤니티에는 관계를 중심으로 모인 커뮤니티, 공통의 관심사를 중심으로 모인 커뮤니티, 즐거움이나 환상을 중심으로 모인 커뮤니티 등과 같이 다양한 형태가 존재한다. 모르는 사람들이 한데 모여서 서로 교류한다는 점에서는 공통점이 있지만 각 커뮤니티마다 사람들이 모이는 이유가 상이하다. 이러한 점에서 커뮤니티 사이트를 운영하는 기업은 사람들이 커뮤니티에 모이는 동기를 파악하고, 이용자가 지속적으로 즐거움을 만끽하고 매력적인 경험을 할 수 있도록 사이트를 관리해야 할 것이다.

커뮤니티도 진화한다

어떤 관계나 주제를 중심으로 커뮤니티가 만들어진 뒤 회원 수가 늘어나고 그들의 활동이 활발해짐에 따라 커뮤니티도 점차 더 큰 규모로 성장하게 된다. 이렇게 성장한 커뮤니티들은 더욱 세분화되거나 새로운 형태로 진화하는 등 변화를 경험하게 되는데, 커뮤니티가 지속적으로 성장하기 위해서는 이에 대한 관리가 필수적이다. 즉 커뮤니티의 본래 의미를 살리면서 세분화한 모임을 통해 참여자들이 보다 깊이 있는 정보를 교환하고 전문화할 수 있도록 유도해야 한다.

그들만의 리그, 브랜드 커뮤니티

인터넷상에는 많은 브랜드 커뮤니티 사이트가 있다. 브랜드 커뮤니티는 디지털 환경에서 확산된 커뮤니티 문화가 특정 브랜드를 중심으로 형성된 것이다. 간단히 말해 특정 브랜드를 좋아하는 사람들이 활동하는 커뮤니티이다. 무쏘 커뮤니티, 산타페 커뮤니티 등이 그 예이다. 브랜드 커뮤니티는 특정 브랜드를 좋아하는 사람들이 브랜드와 관련하여 자신들이 아는 사실이나 정보, 브랜드에 대해 가지는 감정이나 느낌 등을 공유하고 브랜드가 제공하는 독특한 혜택을 누리며 의미를 만들어가는 공간이라 할 수 있다.

자동차 업계는 브랜드 커뮤니티를 잘 활용하고 있는 대표적인 산업 중 하나이다. 자동차 관련 브랜드 커뮤니티는 1980년대 중반 4륜구동 지프 차량 소유자들이 중심이 된 자동차 동호회가 모태가 되었

클럽 쏘렌토의 초기 화면

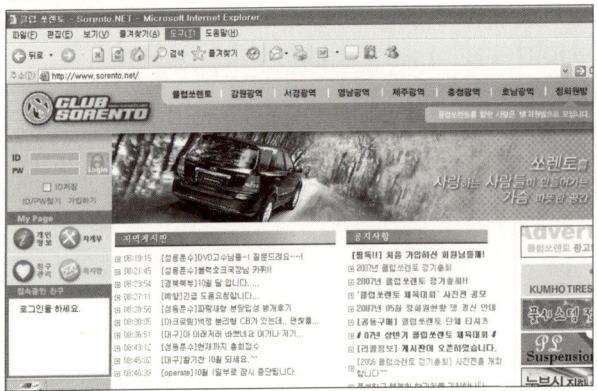

자료 : http://www.sorento.net

다. 이후 PC통신을 통해 온라인 모임이 만들어지고 인터넷이 보편화되면서 브랜드 커뮤니티로 발전하기에 이르렀다. 자동차 관련 브랜드 커뮤니티는 보통 간단한 정비에서 튜닝 방법, 시승기, 드라이빙 코스 추천, 안전하고 경제적인 운전법 등 다양한 정보로 가득 차 있다. 그래서 자동차를 구매하기 전에 해당 자동차의 브랜드 커뮤니티를 방문하는 것이 필수 코스가 되었다.

2006년 3월 16일자 《디지털타임스》에 보도된 클럽 쏘렌토의 사례를 통해 자동차 산업의 브랜드 커뮤니티를 살펴보자. 기아자동차가 만든 쏘렌토의 브랜드 커뮤니티인 클럽 쏘렌토(www.sorento.net)는 2002년에 만들어진 이래, 2007년 10월 현재 전국에서 무려 7만 4,000여 명이 회원으로 참여하고 있다. 클럽 쏘렌토의 회원들은 참여 정도에 따라 등급이 매겨지는데, 일정 등급이 되면 정회원으로 활동할 수 있는 자격이 주어진다. 클럽 쏘렌토의 회원은 기아자동차 직원에서 대학생, 공무원, 의사, 디자이너, 자영업자, 자동차 정비업체 사장, 대학교수에 이르기까지 각양각색의 직업을 가진 사람들이다.

클럽 쏘렌토의 특징은 지역 모임이 활발하다는 것이다. 서울·경기, 강원, 영남, 호남, 충청, 제주 등 전국을 6개 광역권으로 나누어 각 지역별로 모임을 갖고 있다. 지역마다 차이는 있지만 거의 매주 모임을 가지는 것으로 알려져 있다. 지역 모임은 또 세부 모임으로 나뉘져 여행, 오지 탐험, 봉사활동 등 취미가 같은 사람들끼리 모이는 다양한 동아리가 존재한다. 클럽 쏘렌토는 인터넷 소년소녀 가장 돕기 모임인 물망초(www.fgmn.org)와 함께 소년소녀 가장들을 대상으로 캠프를 여는가 하면 기금을 모아 전달하기도 한다. 이밖에도 쏘렌토와 관련된 정보 및 정비 업체에 대한 정보를 교환하고 공동구매로 부품을 저렴하게 구매한다. 그리고 차량에 결함이 발견되면 힘을 모아 자동차 회사에 시정과 리콜을 요청해 이를 관철시킨다.

다음으로 삼성전자의 사례를 살펴보자. 삼성전자 홈페이지와 애니콜 홈페이지 가운데 네티즌 방문객이 더 많은 곳은 어디일까? 당연히 '큰집'이라고 할 수 있는 삼성전자 홈페이지가 더 많을 것 같지만 사실은 그 반대이다. 2005년 11월 23일자 《매경이코노미》에 따르면, 랭키닷컴의 집계 결과 2005년 11월 첫째 주 애니콜 홈페이지 애니콜랜드의 하루 평균 방문자 수는 11만 8,000여 명이고 삼성전자 홈페이지 방문자 수는 그 절반이 조금 넘는 7만 6,000여 명으로 나타났다.

그렇다면 인터넷상에 이와 같은 브랜드 커뮤니티가 많이 등장하는 이유는 무엇일까? 가장 큰 이유는 시장이 성숙하고 제품의 품질이나 기능이 비슷해져서 제품들 간에 별 차이가 없어지고, 경쟁 상품에 비해 어떤 점이 좋다고 말하기도 어려워짐에 따라 기업들이 차별성을 부각시키기 위해 개별 브랜드를 중심으로 마케팅 활동을 전개하는 추세이기 때문이다. 제품의 품질이나 특성에 차이가 없어져 우리 제품을 구매해달라고 하기 어려워진 상황에서 기업들은 브랜드에 대해 소비자가 느끼는 이미지를 이용해서 제품을 차별화하고자 하며 소비자와 브랜드 간의 관계를 중시하게 되었다. 이런 점에서 브랜드 커뮤니티는 기업들의 핵심적인 브랜드 관리 대상 중 하나가 되었다.

지난날 자동차 회사들은 브랜드 커뮤니티를 외면하거나 경계해왔지만 이제는 그것을 소비자 대표로 인정하고 파트너십을 구축하기 위해 노력하고 있다. 자동차에 관한 한 준전문가라 할 수 있는 브랜드 커뮤니티 회원들이 홈페이지나 입소문을 통해 내린 평가가 자동차의 매출에 큰 영향을 끼치기 때문이다. 자동차 판매에서 브랜드 커뮤니티의 영향력이 커지자 국내외 자동차 회사들은 '동호회 마케팅'을 강화하고 있다. 자동차 업계에서는 브랜드 커뮤니티 회원들을 제2의 세일즈맨이라고 부르면서 이들을 관리하기 위한 다양한 활동을 전개하고 있다. 자동차 회사들은 신차 발표회나 모터쇼 등 각종 사내외 행사에 브랜드 커뮤니티 회원들을 초청하는 것은 물론이고, 모임에 소요되는 각종 경비까지 지원하고 있다.

현대자동차의 경우 매년 전체 동호회가 참여하는 '현대클럽 페스티벌'을 개최하고 있다. 이 행사에서는 여러 동호회 회원들이 참여하여 체육대회와 여러 가지 게임을 즐긴다. 현대자동차는 각종 행사에도 동호회를 초청한다. 2003년 부산모터쇼에 모든 동호회를 초청했고, 2004년 10월에는 드라이빙 스쿨을 열었으며, 그 다음 달에는 남양연구소와 아산공장 견학을 실시했다.

소비자들이 브랜드 커뮤니티에 참여하는 것은 그것을 통해 다양한 혜택을 얻을 수 있기 때문이다. 구체적으로 브랜드 커뮤니티는 다음과 같은 혜택을 제공한다.

첫째, 브랜드 커뮤니티는 소비자의 권익을 향상시킨다. 브랜드 커뮤니티는 소비자의 대리인으로서 이를 중심으로 소비자들의 힘을 결집시킴으로써 고립되어 있는 소비자의 권익을 향상시키고 그들의 목소리를 대변한다. 실제로 브랜드 커뮤니티들은 기업이나 정부를 대상으로 소비자의 권익을 향상시키기 위한 여러 가지 활동을 전개하고 있다.

둘째, 브랜드 커뮤니티는 소비자에게 중요한 정보의 원천이다. 소비자들은 브랜드 커뮤니티에서 브랜드에 관한 정보를 쉽게 얻을 수 있다. 회원들끼리 제품과 브랜드에 관해 묻고 답하며 정보를 얻고 자신이 알고 있는 정보를 다른 회원들과 공유하기도 한다. 브랜드

브랜드 커뮤니티의 혜택

커뮤니티는 정보 교환의 장으로서 사회적·심리적인 기능뿐 아니라 새로운 정보를 생산해내는 기능을 수행한다. 이로써 브랜드 커뮤니티는 소비자에게 새로운 소비 가치를 제공한다.

셋째, 브랜드 커뮤니티의 구성원들은 커뮤니티 내에서 여러 가지 활동을 통해 새로운 사회적 관계를 형성함으로써 만족감을 얻는 한편, 공익적 활동을 전개함으로써 기업에게도 여러 가지 혜택을 제공한다. 예컨대 수해 복구 지원, 양로원 방문 등 공익적 활동을 통해 브랜드 커뮤니티 구성원들에게 자부심을 심어주고 기업의 브랜드 이미지를 향상시킨다.

Marketing Tip

브랜드 커뮤니티를 최대한 활용하라

브랜드 커뮤니티는 소비자의 성향과 욕구를 파악할 수 있는 정보의 원천이다. 따라서 기업은 브랜드 커뮤니티를 효과적으로 활용함으로써 적은 비용으로 고객과 장기적인 관계를 유지할 수 있다. 브랜드 커뮤니티에서 이루어지는 소비자들의 다양한 활동은 브랜드에 대한 태도, 충성도, 연대감 형성에 긍정적인 영향을 미쳐 결과적으로 매출 향상을 기대할 수 있고 강력한 브랜드 자산을 구축하는 데 도움이 된다.

기업은 브랜드 커뮤니티에서 수집한 다양한 정보를 활용하여 제품이나 서비스를 개선해야 한다. 또 신제품을 개발할 때 브랜드 커뮤니티 회원들을 참여시킴으로써 고객의 목소리를 적극 반영할 필요가 있다. 브랜드 커뮤니티를 이용한 마케팅의 특징은 제품 개발뿐 아니라 마케팅의 전 과정에 소비자를 참여시킬 수 있다는 것이다. 기업은 브랜드 커뮤니티를 활용함으로써 다양한 사업 아이디어를 얻고 고객을 확보하는 데 드는 비용을 절감할 수 있다. 또 거래를 촉진시키는 한편 고객 만족도와 충성도를 높일 수 있다.

매스미디어의 시대는 가고
구전의 시대가 왔다
― **디지털 시대의 구전 바람**

　LG생활건강은 주름 개선 화장품인 '이자녹스 링클 디클라인 더블 이펙트'를 출시하면서 '더블 이펙트 홍보대사'란 이름으로 200명의 체험단을 모집했다. 그리고 체험단에게 8만 원 상당의 더블 이펙트와 제품 샘플을 지급하고 홍보대사 활동 가이드를 배포했다. 더블 이펙트를 직접 사용해본 체험단 참가자들은 그후 홍보대사라는 이름에 걸맞게 개인 홈페이지, 블로그, 포털사이트 게시판 등에 체험기를 올리기 시작했다. 어떤 참가자들은 제품 사진과 더불어 더블 이펙트의 광고 모델인 제시카 알바를 소재로 한 만화나 동영상을 제작해 올리기도 했다. 이러한 입소문 마케팅 덕택에 더블 이펙트는 출시 8개월 만에 14만 개 이상이 팔려 나가는 인기를 누렸다.

　또 웅진 쿠첸은 황동 전기밥솥을 내놓으면서 200명의 주부 체험

웅진 쿠첸 체험단 모집 광고 화면

자료 : http://www.cuchen.com

단을 모집해 입소문을 냈다. 포화 상태인 전기밥솥 시장에 진입하기 위해서는 제품을 사용해본 사람의 상품평을 확산시키는 것이 효과적이라 판단했기 때문이다. 체험단은 블로그나 개인 홈페이지에 사용 후기를 올렸고 이 내용들이 입소문으로 번졌다. 웅진 쿠첸은 2006년 4월에 브랜드 카페를 열고 흩어져 있던 사용 후기를 한곳에 모아 1만 2,000여 명의 주부 회원들이 공유하도록 하고 있다.

인터넷 연구들에서는 온라인 구전이 오프라인 구전보다 영향력이 더욱 크다고 말한다. IT 시장조사 업체인 포레스터 리서치에 따르면, 유럽 소비자의 50%는 가전제품을 구매할 때 다른 사람들의 사용 후기를 중요하게 고려하고, 15%는 사용 후기를 직접 작성해본 경험이 있는 것으로 나타났다.

국내의 경우 여성 전문 인터넷 사이트인 아줌마닷컴이 2005년 주부 2,386명을 대상으로 조사한 결과가 있다. 그에 따르면 59%가 제품의 구매를 결정할 때 친구나 주위 사람들의 입소문에 의존한다고 대답해 구전이 가장 큰 영향을 미치는 것으로 나타났다. 그 다음으로 37%의 주부가 인터넷상에 있는 다른 사람들의 사용 후기가 영향을 미친다고 대답함으로써 온라인 구전의 영향력을 입증했다. 이에 반해 대표적인 대중매체인 TV 광고에 영향을 받는다는 대답은 30%에 불과했다. 또 '자신이 좋다고 생각한 제품을 주변 사람들에게 전파하는가'라는 질문에 대해 83%의 주부가 '그렇다'고 응답해 주부들의 높은 구전활동 참가율을 보여주었다.

이와 유사하게 《조선일보》와 폴에버가 소비자 598명을 대상으로 한 설문조사에서 '인터넷 쇼핑을 할 때 어떤 정보를 가장 중요하게 고려하는가'라는 질문에 대해 60.5%가 실제 구입해 사용했던 사람들의 댓글이라고 대답했다. 이밖에도 인터넷 쇼핑업체인 CJ몰이 발표한 자료에 따르면, 사용 후기가 있는 제품의 경우 그렇지 않은 제품보다 매출이 평균 2.5배에서 최고 다섯 배까지 많이 판매되는 것으로 나타났다.

디지털 환경에서 소비자들은 주변 사람들에게 국한되어 얻던 구전 정보를 수많은 네티즌으로부터 동시에 손쉽게 얻을 수 있게 되었다. 오프라인의 구전 정보는 주변의 개인적 관계에 의존하는 경우가 많기 때문에 구전 정보를 제공하는 사람을 인위적으로 찾기도 어렵거니와 시공간적 제약이 따른다.

그렇다면 디지털 시대에 구전의 영향력이 커지게 된 이유는 무엇일까? 가장 먼저 생각해볼 수 있는 것은 인터넷 쇼핑의 고유한 특성이다. 인터넷 쇼핑은 그 특성상 제품을 직접 만져보고 구매할 수 없기 때문에 다른 사용자의 이용 후기나 평가 등이 유용한 정보로 활용될 가능성이 높다. 온라인 소비자들은 기업이 일방적으로 전달하는 광고 메시지에 전적으로 의존하기보다는 상품과 관련된 정보를 직접 습득하고 품질을 꼼꼼히 확인하려 한다. 이용 후기 등과 같은 온라인 구전 정보는 기업이 제공하는 정보 원천에서는 얻기 어려운 특정 제품의 품질, 사용법, 관리 방법 등에 대한 정보들이 주를 이룬다. 실제 사용 경험을 바탕으로 한 것이어서 소비자들의 정보 수용도도 그만큼 높다. 또한 사용자들의 추천이나 리뷰 등은 전문가의 시각이 아니라 소비자의 관점에서 다른 사람들과 공유하고자 하는 정보이기 때문에 더욱 쉽게 만족하는 것으로 보인다.

이밖에 온라인 구전 정보의 특성도 구전의 영향력을 키우는 데 큰 역할을 한다. 온라인 구전 정보는 주로 인터넷 게시판을 중심으로 하여 문자로 전달된다. 소비자들 간의 대화를 통해 전달되는 오프라인 구전과는 달리 정보가 사라지지 않고 계속해서 존재하며 전달 속도와 범위도 훨씬 빠르고 넓다. 또 시공간적 제약이 없기 때문에 소비자들이 언제든지 인터넷 접속만 하면 수많은 구전 정보를 얻을 수 있다. 마지막으로 개인적인 유대관계를 중심으로 한 오프라인 구전과 달리 온라인 구전은 개인적인 친분이 없어도 짧은 시간 내에 많은 정보를 얻을 수 있기 때문에 그 영향력이 더욱 커지고 있다.

Marketing Tip >>>>>>>>>>>>>>>>>

구전바람을 만들기 위해 노력하라

기업은 체험단 등과 같이 소비자들의 구전 행동을 조직화하여 마케팅 활동을 전개할 수 있다. 이밖에 사용 후기와 같은 구전 정보를 더욱 많이 만들어내기 위해 소비자들의 적극적인 참여를 유도해야 한다. 의견을 제시하는 소비자가 많으면 많을수록 구전 효과는 더욱 커질 것이다. 이런 이유에서 많은 사이트들이 경품이나 포인트 등과 같은 유인 수단을 활용해 소비자들이 제품의 사용 후기를 작성하도록 유도하고 있다.

기업은 소비자들이 올리는 제품의 사용 후기와 댓글을 지속적으로 탐색하고 관리해야 한다. 인터넷 사용자들은 긍정적인 정보보다 부정적인 정보를 더욱 신뢰하는 경향을 보인다. 그런 점에서 소비자들이 올리는 구전 정보를 탐색하여 내용을 파악하고 적절한 관리 방안을 마련하여 대처할 필요가 있다. 구전 관리의 형태는 소극적으로는 사이트에 게시된 질문 등에 답변하는 것이고, 적극적으로는 브랜드 관련 게시물을 올리고 그것을 전파하도록 유도하는 것이다.

안티사이트, 소비자의 힘인가 전횡인가

안티 트라제 사이트는 현대자동차의 트라제 차량을 구입한 소비자들이 잦은 고장과 차체 결함, 담당 직원의 불친절에 항의하고자 만든 인터넷 사이트이다. 이 사이트는 '소비자권리찾기운동본부' 라는 별칭을 갖고 있을 정도로 잘 조직화되어 활발히 활동했다.

현대자동차의 트라제 XG를 구입한 윤희성 씨는 점화 코일 불량, 공기압 경고등, 백 워닝 시스템 오작동 등으로 네 차례나 애프터서비스를 받았지만 만족스러운 결과를 얻지 못했다. 그는 현대자동차에 이메일을 보냈지만 회사에서는 소비자 과실이라며 책임을 회피했고 나중에는 그가 올리는 글마저 삭제해버리는 무책임한 행동을 보였다. 그러자 윤 씨는 1999년 12월에 안티 트라제 사이트를 개설하고 트라제의 결함을 지적하기 시작했다. 안티사이트가 개설된 지

5개월 만에 18만 명이 넘는 네티즌이 방문했고, 게시판에 차량의 결함을 지적하는 항의 글이 500여 건이나 올라오는 등 폭발적인 호응을 얻었다.

안티 트라제 사이트는 트라제의 차체 결함에 따른 리콜을 유도하는 글을 올리고 서명운동을 펼쳤다. 또 오프라인 모임을 만들고 차체 결함에 대한 서명운동을 전개했다. 이러한 노력 끝에 2000년 1월 13일 현대자동차가 트라제 XG의 점화 코일에 대해 공개 리콜을 결정했다. 2000년 2월 15일, 안티 트라제 사이트는 여기서 멈추지 않고 현대자동차가 비공개로 교환해주던 2열 시트의 문제점과 은밀한 교환 사실을 건설교통부에 고발하여 공개 리콜을 실시하도록 제조사를 압박했다. 이후에도 안티 트라제 사이트는 지속적으로 점화 코일의 무상 수리 기간 연장을 요구하고 파워 오일 호스의 누유 현상을 고발해 리콜을 실시하게 하는 등 많은 활동을 벌였다(조성진·김상국, 2002).

안티사이트는 특정 개인이나 단체가 자신이 반대하는 대상을 상대로 사이버 공간에 사이트를 개설하여 그를 반대하는 논리와 감정을 전파하여 유사한 의견을 가진 사람들과의 사회적 연대를 통해 저항적인 활동을 해가는 사이트를 말한다(김난도·김선옥, 2003). 안티사이트들이 대거 등장한 것은 디지털 환경에서 의견 표현이 쉬워졌고 사람들을 쉽게 불러 모을 수 있기 때문이다. 이를 좀더 구체적으로 살펴보자.

첫째, 소수의 대중매체가 의사소통 채널을 독점했던 아날로그 환경과 달리 디지털 환경에서는 누구나 별다른 제약 없이 각종 인터넷 사이트를 통해 자신의 의견을 자유롭게 표현할 수 있기 때문이다.

둘째, 인터넷의 익명성으로 인해 다양한 의견을 과감하게 개진할 수 있기 때문이다. 물론 이러한 익명성으로 인해 무책임한 비판과 욕설이 난무하는 등 부작용이 나타나기도 했다. 대표적 예가 이른 바 '무뇌충 사건'으로 불리는 그룹 HOT 출신 가수 문희준 사건이다. 댄스 그룹에서 활동하다가 솔로로 데뷔한 문희준을 둘러싸고 그의 팬들과 안티 팬들 사이에 다툼이 있었고, 안티 팬들이 그를 아무 생각 없는 '무뇌충'으로 비하한 패러디물을 집중적으로 게시하여 논란이 된 사건이다. 연예인 안티사이트와 관련하여 문화평론가 김종휘는 "자신이 특정 스타를 좋아한다고 해서 다른 스타들을 깎아내려야만 직성이 풀리는 것은 나와 다른 차이를 인정하지 않는 패거리주의, 배타주의를 답습한 것으로 그만큼 우리 사회가 문화와 취향의 다양성, 공존의 논리를 학습할 기회가 없었음을 보여준다"고 말한다.

셋째, 디지털 환경에서는 여러 인터넷 카페나 커뮤니티를 통해 서로 모여서 활동하기 쉽기 때문이다. 오프라인 환경에서는 시간과 장소를 정해서 모임을 가져야 했지만, 디지털 환경에서는 각종 사이트나 게시판을 통해 언제 어디서나 자유롭게 의견을 개진할 수 있고 서로가 공감하는 주제에 대해서 쉽게 모일 수 있다.

Marketing Tip >>>>>>>>>>>>>>>>>

소비자 불만을 적극적으로 관리하라

안티사이트의 사례들을 살펴보면 소비자의 불만을 제대로 관리하지 못해 화를 자초한 경우가 대부분이다. 제품이나 서비스에 불만을 느낀 소비자가 제조사에 강력히 항의하지만 기업이 불성실한 태도로 일관해 오히려 소비자의 불만을 키워 결국에는 안티사이트 개설로 이어지는 것이다. 이런 점에서 기업은 고객의 불만에 대해 보다 적극적이고 신속하게 대응할 수 있도록 노력해야 한다. 고객의 불만을 조기에 효과적으로 해결하는 시스템을 갖춤으로써 안티사이트 등과 같은 집단행동으로 발전되는 것을 사전에 예방할 수 있다. 고객의 의견과 불만에 대해 기업이 성의를 가지고 노력하고 있다는 모습을 보임으로써 극단적인 집단행동을 막을 수 있다.

Chapter 5

디지털 시대 빨리빨리와 여유만만

얼리어답터, 정보통신 강국의 밑거름인가?
- 디지털 시대의 초기수용자들

디지털은 아날로그에 비해 분명히 빠르다는 특징을 지니고 있다. 그렇다면 과연 디지털 시대의 제품과 서비스도 빨라지고 소비자들의 수용 또한 빨라진 것일까? 분명 디지털 환경에서 소비자의 의사결정과 구매 행동이 예전에 비해 빨라진 것은 사실이다. 하지만 그렇다고 해서 디지털 시대의 소비자들이 빠른 것만을 좋아한다고는 말할 수 없다. 어떤 경우에는 빠른 것보다 느린 것을 더 좋아할 수 있고, 사람에 따라 느림의 미학을 즐기는 경우도 있을 것이다.

이처럼 디지털 환경에서 소비자들의 또 다른 이중적인 모습은 빠름과 느림의 형태로 나타나고 있다. 여기서는 빠름과 느림의 이중적인 모습을 정보통신 강국의 밑거름이 된 얼리어답터, 디지털 시대 빨리빨리 문화의 의미, 다운시프트족과 로하스족, 디지털 시대의 전통과 복고로 나누어 살펴보자.

디지털 시대에 속도와 관련하여 자주 등장하는 개념 중 하나가 얼리어답터이다. 얼리어답터라는 용어는 미국의 사회학자 에버릿 로저스(Everette Rogers)가 1957년 《디퓨전 오브 이노베이션(Diffusion of Innovations)》에서 처음 소개했다. 그는 혁신적인 제품의 수용에 대한 연구를 바탕으로 소비자들을 혁신자(innovator), 초기수용자(early adopter), 초기다수자(early majority), 후기다수자(late majority), 최종수용자(laggard) 등 5개 집단으로 분류했다. 그리고 시간의 흐름에 따라 이러한 집단이 차례로 등장하는 것을 기술 수용 주기로 명명하고 이를 모형화했다.

이처럼 얼리어답터는 혁신자보다는 늦지만 남들보다 빨리 신제품을 구입해서 사용하는 데 가치를 두는 소비자군을 일컫는 말이었다. 이후 그러한 소비자가 늘면서 의미가 확대되어 제품과 기술뿐 아니라 제품 관련 정보를 수집하고 제품을 구입하여 사용한 다음 이를

혁신자와 초기수용자의 비교

	혁신자	초기수용자
애칭	테키(techies)	선견자(visionaries)
비율	2.5%	13.5%
구매 이유와 특징	• 남들에게 보여주는 것은 일차적인 이유가 아님 • 기능과 편익에 관심이 적음 • 그냥 좋아서(just try it)	• 혁신적인 제품을 먼저 사용함으로써 남들보다 앞서고자 함 • 경제적 이익과 가치를 우선시함 • 앞서나가자

자료 : 김상훈(2004), 《하이테크 마케팅》, 박영사, pp. 65~68 내용을 표로 정리.

평가하고 주변 사람들에게 영향력을 행사하는 소비자군을 일컫는 말로 쓰이게 되었다. 얼리어답터는 혁신자를 포함하는 의미로도 널리 사용되고 있다.

일반적으로 얼리어답터는 제품의 특성이나 산업에 따라서 다르게 나타나는 경향이 있다. 예컨대 프랑스는 패션과 향수에서, 일본은 가전제품에서, 한국은 IT 산업 분야에서 얼리어답터가 많은 편이다. 이러한 현상은 굳건한 정보통신 기반과 한국인의 남다른 선호가 낳은 결과라고 할 수 있다. 즉 디지털 소비자로서의 성향과 인터넷으로 대표되는 정보기술 및 커뮤니케이션 기술의 발달로 한국의 얼리어답터가 더욱 증가하게 되었다.

LG경제연구원에 따르면 한국형 얼리어답터는 헝그리 어답터, 프로슈머, 사회 전반에 걸친 영향력 행사라는 특징을 지니고 있다. 헝그리 어답터란 경제력이 뒷받침되지 않아도 남들보다 먼저 신제품을 구매하는 사람들을 일컫는 신조어이다. 헝그리 어답터들은 그들만의 자금 확보 방법이 있는데, 그것은 다름 아닌 중고시장을 이용하는 것이다. 신제품을 사면 대부분 제품설명서나 포장 박스를 잘 보관해두었다가 중고로 높은 가격에 되팔아 돈을 마련한다. 실제로 어떤 소비자는 1년 동안 디지털카메라 5대를 구매하는 데 들어간 비용이 렌즈와 액세서리를 포함해 총 1,000만 원이 넘었으나, 중고로 되판 금액을 제외하면 실제 지출한 금액은 300만 원 정도라고 한다.

얼리어답터들의 제품 소비량은 상상을 초월한다. 평소 가지고 다니는 디지털 제품만 해도 10여 개 이상이다. 대표적인 디지털 제품이라 할 수 있는 휴대전화의 경우 교체 주기가 전 세계 시장의 3년보다 두 배나 빠른 1.5년 정도이다. 한 예로 모바일연합의 박정식 씨는 취미로 신제품에 빠져 살다가 전문적인 얼리어답터로 직업을 정했다. 1년 동안 사용하는 휴대전화가 적게는 60대에서 많게는 150대 정도로 전 세계의 통신 제품이 그의 손을 거칠 정도이다.

세계 유수의 정보통신 관련 업계의 운명을 좌지우지하는 한국의 얼리어답터들은 걸어다니는 세계 시장이자 업계에서 가장 영향력 있는 소비자라고 할 수 있다.

모토로라는 신제품의 장단점을 진단할 때 한국의 얼리어답터를 적극 활용한다. 한국의 얼리어답터는 신기술에 대한 이해력과 수용 능력이 특히 뛰어나기 때문이다. 기업들은 한국 시장의 반응을 확인한 뒤 해외에서 주력할 상품과 마케팅 전략을 결정하는데, 보통 국내에서 출시되고 1년에서 1년 반 뒤에 해외에서 출시되는 경우가 많다. 시장 규모는 미국이나 유럽에 비해 작지만 이러한 측면에서 한국 시장의 가치는 매우 크다고 할 수 있다. 실제로 모토로라뿐 아니라 미국 실리콘밸리의 많은 기업들이 신제품 출시에 앞서 한국 소비자들에게 합격 판정을 받고 있다. 한 예로 마이크로소프트는 미국보다 6개월 앞서 한국에 모바일 메신저 서비스를 선보였다.

제품에 대한 전문성과 풍부한 경험을 지닌 얼리어답터는 개인적 소비에 그치는 것이 아니라 다른 소비자들에게 많은 영향을 끼친다. 최근의 얼리어답터는 제품의 결함은 물론이고 서비스의 질까지 적극적으로 감시, 평가하는 역할을 담당하고 있는 것이다. 실제로 캐논코리아의 경우 얼리어답터들의 거센 항의를 받고 일부 부품의 무상 수리 기간을 1년에서 2년으로 늘리는 등 애프터서비스 정책을 바꾸었다.

Marketing Tip >>>>>>>>>>>>>>>>>>>>>>>

얼리어답터를 파악한 뒤 적극 활용하라

얼리어답터를 기업의 경영에 활용하기 위해서는 무엇보다도 누가 얼리어답터인지를 알아야 한다. 일반적으로 얼리어답터는 대부분의 제품과 서비스를 빨리 수용하는 경향이 있지만, 특정 제품과 서비스의 얼리어답터가 모든 제품과 서비스에서 얼리어답터인 것은 아니다. 따라서 얼리어답터를 활용하기 위해서는 자사 제품 및 서비스의 얼리어답터를 파악하고 그들을 확보해야 할 것이다.

그런 다음 무시할 수 없는 세력으로 성장한 얼리어답터에 대해 어떻게 대응할 것인가? 생각하고 말 것도 없이 그들을 적극적으로 받아들여야 한다. 이를 위해 먼저 자사의 제품을 수용하고 전파할 소비자가 누구인지 파악하고, 온라인 커뮤니티와 같은 형태로 그들을 적극 육성하고 활용할 필요가 있다. 얼리어답터가 일반 소비자에 비해 눈높이가 높아 부담스럽다고 주저한다면 더 큰 어려움에 직면하게 될 것이다.

나는 얼리어답터인가

얼리어답터는 신제품을 수용하는 데 걸리는 시간에 따라 소비자를 구분한 개념이다. 일반적으로 신제품을 제일 먼저 받아들이는 2.5% 정도의 집단을 혁신자라 부르고, 그 다음으로 수용하는 13.5%의 집단을 얼리어답터라고 부른다.

그렇다면 디지털 시대에 얼리어답터의 비율은 과연 증가하는 것일까? 질문에 대한 답은 여러분 자신에게 달렸다. 자기 스스로 과거에 비해 신제품이나 새로운 서비스를 빨리 받아들이게 되었는가를 반문해보면 될 것이다.

우리나라 사람들은 상당수가 자신을 얼리어답터라고 생각한다. 이러한 현상에 대해 삼성경제연구소의 김재윤 수석 연구원은 우리의 속담과 관련지어 설명하고 있다(SBS 스페셜, 2005. 3. 29). 우리

속담에 '사촌이 땅을 사면 배가 아프다'는 말이 있고, 한국인의 성향을 흔히 냄비 근성이라고 표현한다. 이것을 디지털 시대의 의미로 재해석해보면, '사촌이 땅을 사면 배가 아프다'는 속담은 새로운 제품을 다른 사람과 비슷한 시기에 구입(수용)하려는 성향이 강하다고 볼 수 있으며, 냄비 근성은 기존 제품에 집착하기보다 새로운 제품을 잘 받아들인다는 의미로 볼 수 있을 것이다.

이러한 한국인의 남다른 기질 외에도 디지털 시대에 얼리어답터가 증가하는 이유로 다음과 같은 점을 들 수 있다. 디지털 시대에는 제품의 종류가 증가하고 제품의 수명 주기가 짧아진다. 따라서 신제품을 수용하는 소비자가 상대적으로 많아질 수밖에 없다. 또한 제품의 한계 보급률과 같은 시장의 규모도 예전보다 훨씬 증가하기 때문에 절대적인 얼리어답터의 숫자는 늘어날 것이다.

디지털 시대에 앞서가는 한국의 소비자들은 매우 적극적이며 수용력이 강하다. 그런 만큼 한국 시장을 글로벌 테스트베드로 활용하는 외국 기업들이 점점 늘고 있다. 대한상공회의소가 발표한 "글로벌 테스트베드로서 한국 시장의 강점과 활용전략"에 따르면, 한국은 정보기술이나 디지털 산업뿐만 아니라 자동차, 식품, 생활용품에 이르기까지 까다롭고 수용이 빠른 소비자들을 기반으로 세계시장에서 히트 여부를 가늠할 수 있는 시험 무대로 활용되고 있다. 외국에서는 몇 년에 걸쳐 일어날 일이 한국에서는 3~6개월 안에 벌어지고, 글로벌 기업들은 이런 즉각적인 시장 반응을 활용해 세계시장 공략의 밑돌로 삼는다는 것이다. 이에 따라 국내에 R&D센터를 세워 소비자 반응을 제품에 반영하는 외국 기업들이 늘고 있다. 2003년에 IBM이 유비쿼터스 컴퓨팅연구소를 설립한 데 이어 2004년에 인텔이 홈네트워크 연구소를 설립했고, 검색 사이트 구글은 R&D센터 설립 계획을 발표했다.

다음 10개 항목 중 5개 이상이면 당신도 얼리어답터!

1. 꼭 구입하고 싶은 물건이 나타났을 때 그 목표물을 거의 놓쳐본 적이 없다
2. 내일 제품을 받기로 되어 있는데 오늘밤이 너무 길다. 결국 밤새웠다.
3. 박스는 처분하지 않고 잘 모셔두는 편이다. 구입할 때 박스의 품질도 중요하다.
4. 매뉴얼은 거의 읽지 않는다. 매뉴얼이 반드시 필요할 정도로 어렵다면 좋은 제품이 아니다.
5. 남들이 다 사는 것을 따라서 사는 편이 아니다.
6. 주위에서 무엇을 구입하려고 할 때 물어보는 대상 1호이다.
7. 물건에 대한 애착이 큰 만큼 실망도 큰 경험이 있다. 하지만 그 횟수는 적다.
8. 다방면에 관심이 많다. 한 분야의 마니아이기보다는 여러 분야의 전문가이다.
9. 내가 산 물건을 주변 사람들에게 자랑하는 편이다. 그래서 친구들이 내 옆에 있으면 돈을 많이 쓰게 된다고 한다.
10. 잘못 만든 제품을 보면 너무 안타까워 어떻게라도 말해주고 싶을 때가 있다.

자료 : http://www.earlyadopter.co.kr

주 : 위의 체크리스트는 얼리어답터를 구분 짓는 신제품 수용 성향과 혁신 성향만을 포함하지 않고 물질주의 성향, 유행 추구 성향 등의 개념을 폭넓게 포함하고 있다. 따라서 위의 체크리스트로는 얼리어답터의 비율이 적게 나타날 가능성도 있다.

Marketing Tip >>>>>>>>>>>>>>>>>>

얼리어답터를 파악하기 위한 척도를 개발하라

얼리어답터를 활용하기 위해서는 누가 자사의 얼리어답터인지를 파악하는 작업이 무엇보다도 선행되어야 한다고 앞에서 말했다. 그렇다면 기업은 얼리어답터를 어떻게 파악할 수 있을까? 앞에서 소개한 질문들은 일반적인 소비 성향을 파악하기 위한 것이다. 보다 정교하게 얼리어답터를 파악하기 위해서는 기업이 자사의 제품과 서비스의 특징을 반영한 척도를 개발해야 할 것이다.

고객을 얼리어답터로 모셔라

고객이 스스로 얼리어답터라고 생각하는데 기업이 '당신은 얼리어답터가 아닙니다'라고 할 필요는 없다. 얼리어답터의 비율은 상대적으로 달라질 수도 있다. 즉 학술적 통계인 13.5%보다 많을 수도 있고 적을 수도 있다. 기업의 입장에서 얼리어답터의 비율이 높으면 신제품을 출시하는 데 많은 도움이 될 것이다. 또한 제품을 구입하는 소비자가 스스로 얼리어답터라고 느낀다면, 소비자는 자신의 의사결정에 상당한 자부심을 가질 것이다.

빨리빨리는
디지털 시대의 경쟁력
- 디지털 조급증, 지금 바로 확인과 대답을

- 엘리베이터에서 닫힘 버튼을 누르지는 않는가?
- 커피 자동판매기에서 내용물이 채워지기도 전에 컵을 빼려고 하지는 않는가?
- 식당에서 음식을 시키며 "빨리주세요"라고 말하지 않는가?
- 택시를 타고 "빨리 가주세요"라고 말하지 않는가?
- 전화로 약속을 하면서 "빨리 와"라고 말하지 않는가?

사정이 이러하니 외국인들이 제일 먼저 배우는 한국말이 '빨리빨리' 라 할 만하다. 한국인이 많이 찾는 해외 여행지에서 현지인 가이드들이 가장 먼저 배우는 한국어도 '안녕하세요', '감사합니다' 그리고 '빨리빨리' 라고 한다. 프랑스 출신의 방송인 이다 도시는 '빨

휴대 전화와 노트북 이용하는 사진

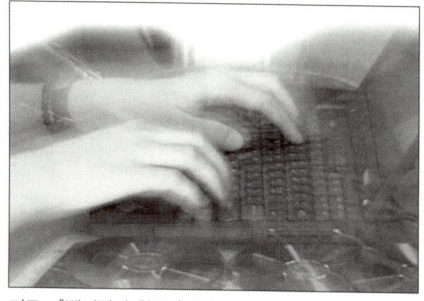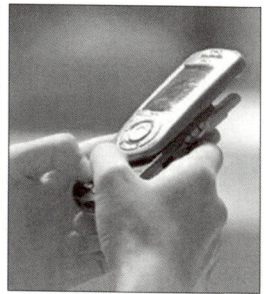

자료 : "빨리빨리 한국 '디지털 조급증'"《경향신문》, 2006. 9. 1).

리빨리' 문화를 한국의 대표적인 문화로 꼽는다.

이러한 한국의 '빨리빨리' 문화는 디지털 시대에 새롭게 등장한 것이 아니다. 우리 민족은 사계절의 변화가 뚜렷한 농경문화 속에서 전통을 이어왔지만, 무언가를 빨리빨리 하는 것을 미덕으로 여긴다. 한 소비문화 칼럼니스트는 한국인의 라이프스타일이 10인10색으로 거듭나고 있지만 예나 다름없이 '빨리빨리' 문화가 공통적인 특징이라고 지적한다.

인터넷과 휴대전화로 대표되는 디지털 시대가 본격적으로 개막되면서 한국의 '빨리빨리' 문화도 더욱 발전했다. 사실 디지털 시대가 '빨리빨리' 문화를 강화한 측면만 있는 것이 아니라, '빨리빨리' 문화가 디지털 시대, 특히 정보통신 분야의 발전을 앞당겼다고 할 수 있다.

블로그나 미니홈피에 글을 올린 뒤 댓글과 방명록을 확인하기 위해 하루에도 수십 번 로그인을 하고, 이도 부족해서 방명록에 글을 남기면 즉시 문자 메시지로 알려주는 기능을 신청하고, 나아가 언제 어디서나 확인할 수 있도록 폰페이지(phone page)를 개설하는 것은 한국의 '빨리빨리' 문화에 디지털 인프라가 더해지면서 생겨난 모습들이다.

'빨리빨리' 문화가 디지털 시대 소비자 행동으로 나타난 모습이 바로 멀티태스킹이라고 할 수 있다. 멀티태스킹은 본래 한 사람의 사용자가 한 대의 컴퓨터로 두 가지 이상의 작업을 동시에 처리하거나 프로그램을 동시에 구동시키는 것을 의미하는 컴퓨터 관련 용어이다. 하지만 오늘날 멀티태스킹은 한 사람이 두 가지 이상의 작업을 동시에 처리하거나 기계를 동시에 구동시키는 것을 의미하는 것으로 사용되고 있다. 디지털 시대에 이러한 멀티태스킹이 증가하는 것도 일을 빨리 처리하려고 하는 '빨리빨리' 문화와 무관하지 않다.

빌 게이츠는 일찍이 "21세기는 스피드의 시대가 될 것"이라고 예견했다. 인터넷, 모바일, 유비쿼터스 네트워크로 빠르게 성장하는 디지털 시대에는 속도야말로 많은 것에 우선하는 중요한 가치이다. 디지털 시대의 새로운 가치인 스피드는 '빨리빨리' 문화와 상통한다. 정병철 전 LG전자 사장은 한국의 '빨리빨리' 문화는 디지털 시대의 가장 중요한 특성 중 하나인 스피드와 일맥상통하며, 정보통신 강국의 밑거름인 초고속 인터넷 사용률에서 세계 1위를 차지할 수 있었던 것도 이러한 '빨리빨리' 문화가 바탕이 되었다고 지적한다. 경기도영어문화원의 제프리 존스 원장은 세계 어디에서도 한국인처럼 변화에 대한 두려움이 없는 사람들을 만나보지 못했다고 말한다. 한국인의 '빨리빨리' 문화를 변화에 익숙하며 변화를 좋아하고 또 즐기는 것으로 보는 것이다. 그는 한국인의 이러한 태도야말로 디지털 시대가 요구하는 가장 중요한 덕목이라고 말한다. 《조선일보》는 "한국의 기를 살리자"라는 특집 기사에서 한국을 정보통신 강국으로 만든 한국인의 특성으로 '빨리빨리' 문화를 꼽았다.

대홍기획은 1318세대의 가치관과 소비행동을 조사 분석한 트렌드 보고서에서 이들의 특징을 퀵백(quick back)으로 명명했다. 퀵백이란 '퀵(빠른)'과 '피드백(반응)'의 합성어로, 즉각적인 반응을 원하는 것을 말한다.

이러한 현상은 제품과 서비스를 소비하는 모습에서도 확인할 수 있다. 노트북이나 개인용 컴퓨터의 처리 속도 및 부팅 속도는 이미 오래전에 기본 속성이 되었고, 레이저 프린터의 예열 시간이 광고의 중요한 소구점으로 자리 잡았다. 또 전원을 켜고 사진을 찍을 수 있는 상태가 되기까지 걸리는 시간이 디지털카메라를 선택하는 중요한 기준이 되고 있다. 이밖에도 택배업체나 인터넷 쇼핑몰의 빠른 배송은 더 이상 부가적이고 차별적인 혜택이 되지 못하고 있는 실정이다.

Marketing Tip >>>>>>>>>>>>>>>

경영 전반에 걸쳐 스피드 경영을 도입하라

각종 게시판의 댓글란에서 일등놀이에 열광하는 소비자들, 애프터서비스 신청 후 몇 시간을 기다리지 못하는 소비자들, 제품을 빠른 속도로 흡수하는 디지털 시대의 소비자들과 보조를 맞추기 위해서는 주문, 생산, 서비스와 애프터서비스 등 기업 활동 전반에 걸쳐 스피드 경영이 요구된다. 우선, 제품의 개발 속도를 단축시키고 빠른 서비스를 제공하기 위해 기업의 조직 또한 현장해결형 중심 조직으로 변화시켜야 한다. 최근 많은 기업들이 적극적으로 도입하고 있는 소비자 불만 자율관리 시스템은 디지털 시대 스피드 경영의 좋은 예이다.

스피드 경영의 하나로 현장에 권한을 부여하는 방법이 있다. "조금만 기다리시면 곧 알려드리겠습니다", "죄송하지만 저에겐 권한이 없어서…". 누구나 한 번쯤 일선 서비스 현장에서 이런 대답을 들어보았을 것이다. 디지털 시대의 소비자는 더 이상 이러한 대답을 원하지 않는다.

미국의 유통 전문업체 노드스트롬은 고객에게 최고의 서비스를 제공하기 위해서 일선 종업원들에게 권한을 부여하고 있다. 노드스트롬의 종업원이 지켜야 할 단 한 가지 규칙은 이것이다.

"어떤 상황에서든 자신이 판단하여 고객에게 좋다고 생각되는 것을 실행할 것"

빨리빨리는 No, 여유만만은 Yes!
– 슬로비족과 다운시프트족의 출현

스피드는 분명 디지털 시대의 새로운 가치이다. 우리나라의 '빨리빨리' 문화가 정보통신 산업의 눈부신 성장을 이끈 원동력이었음을 부정하는 사람은 별로 없을 것이다. 하지만 디지털 시대에 오히려 느림의 미학을 추구하는 사람들도 증가하고 있다.

"우리는 속도의 노예가 됐다. 이 속도는 우리의 습관을 망가뜨리고, 우리의 사생활을 침해하고, 우리로 하여금 패스트푸드를 먹도록 하는 빠른 생활을 강요한다. 음흉한 바이러스에 우리 모두가 굴복당하고 있다."

1989년 프랑스 파리에서 열린 '슬로푸드(Slow food) 운동'의 선언문이다. 패스트푸드로 대변되는 현대 사회의 스피드 문화에 반기를 들고 느리게 살면서 생활의 여유를 찾자는 것이 슬로푸드 운동이다.

— 자료 : 《한국경제신문》(2004. 1. 15).

　빠름의 미학이 지배하는 디지털 시대에 아날로그적인 생활을 고집하는 사람들이 있다. 이들은 도시의 삭막함보다는 시골의 느긋함이 삶의 질을 높여준다고 굳게 믿는 사람들이다. 이러한 느림의 미학을 추구하는 자발적인 거부자들(voluntary laggard)의 대표적인 예가 바로 슬로비(slobbie)족과 다운시프트(down shift)족이다.

　슬로비족은 1990년 오스트리아에서 창설된 '시간 늦추기 대회'에서 유래했다. 슬로비란 '천천히, 그러나 더 훌륭하게 일하는 사람 (slow but better working people)'을 뜻하는 말이다. 슬로비족의 생활 원칙은 가급적 직장을 옮기지 않고 현재 맡은 일에 충실하며, 주식 투자보다는 저축에 힘쓰고 하루에 두 시간 이상은 가정에 신경을 쓴다. 이들은 고액 연봉을 받을 수 있는 직장보다는 상대적으로 낮은 소득을 감수하고 자기 자리를 지키며 살아간다. 왜냐하면 이들은 속도와의 경쟁보다는 느림의 미학을, 물질적 수입보다는 정신적 안정을, 사회적 성공보다는 가정을 중요시하고 이를 통해 삶을 여유롭게 즐기는 것을 가장 큰 가치로 생각하기 때문이다.

　스카이버(skiver)족 또한 슬로비족과 유사하게 느리게 살면서 인생을 즐기고, 게으르다 싶을 만큼 자신의 시간에 충실한 사람들을 일컫는 말이다.

명문 여대를 졸업하고 잡지사 기자 생활을 하던 한지은(28) 씨는 요즘 서빙 아르바이트를 하고 있다. 여비만 마련되면 중국, 티베트, 네팔 등을 여행한다. 수입 브랜드의 MD로 일하던 김은영(25) 씨는 1년 만에 회사를 그만뒀다. 영어 과외를 하면서 쇼 호스트가 되기 위해 학원을 다니고 있는 김 씨는 몸매 가꾸기 등 자신을 위한 투자에 돈을 아끼지 않는다. 이들은 "처음에는 '괜찮은 직장을 버리고 왜 위험한 결정을 하느냐'며 이상하게 여겼는데, 이제는 이런 용단을 부러워하며 방법을 물어오는 사람들도 있다"고 말했다.

―자료 : 《굿데이》(2004. 2. 5).

다운시프트는 '저속 기어로 바꾼다'는 뜻이다. 다운시프트족이란 달리는 자동차의 속도를 늦추듯이, 숨 가쁘게 돌아가는 일상에서 벗어나 생활의 여유를 가지고 삶을 즐기려는 사람들을 말한다.

슬로비족과 다운시프트족의 이러한 모습은 최근 들어 나타난 현상이 아니다. 이러한 성향들은 1970년대부터 이미 나타났다고 볼 수 있다. 하지만 정보통신 기술로 대표되는 디지털 시대에는 업무량과 정보량이 증가함으로써 속도가 강조되고 결과적으로 생활이 복잡해짐에 따라 단순한 삶을 바라는 욕구가 더욱더 커질 것이다.

임신 8개월에 접어든 예비 엄마 김지연(30) 씨는 아기용품을 무공해 천으로 직접 만들기로 했다. "전 세계 농지 중 목화를 재배하는 농지는 6%인데, 전체 농약 사용량의 25%를 목화밭에 뿌린다네요. 특히 수확기에 목화를 편하게 따기 위해 잎을 떨어뜨리는 독한 농약을 쓴다고 하니 아기를 농약으로 감싸는 꼴이 될까 겁이 덜컥 나더라고요." 그래서 김 씨는 유기농 면을 취급하는 인터넷 쇼핑몰에서 '출산 준비 DIY 세트'를 구입했다. 유기농 면이란 3년간 농약과 화학 비료를 쓰지 않은 밭에서 키운 목화로 짠 면이다. "배냇저고리, 턱받이, 손싸개, 모자 등이 모두 재단까지 돼 있어 바느질 초보자도 쉽게 만들 수 있다"는 게 김 씨의 설명이다. ─자료 : 《중앙일보》(2006. 8. 9).

로하스(lohas)란 미국의 내추럴마케팅연구소가 2000년에 처음 소개한 개념이다. 이는 건강과 지속적인 성장을 추구하는 라이프스타일(lifestyles of health and sustainability)의 약자로, 자신과 가족의 육체적·정신적 건강은 물론이고, 환경과 사회정의 및 지속 가능한 소비에 높은 가치를 두고 생활하는 사람들의 라이프스타일을 일컫는다. 따라서 로하스는 개인적인 성향의 웰빙을 넘어 건강과 더불어 환경까지 고려하는 한층 높은 차원의 트렌드이자 느림의 미학을 추구하는 슬로비와 다운시프트를 포괄하는 개념으로 볼 수 있다.

로하스족은 개인의 행복만을 추구하는 것이 아니라 사회와 환경에 대해 적극성을 띤다. 한 조사에 따르면 로하스족은 사회적 이슈에 많은 관심을 가지며, 자신의 생각에 부합하지 않는 제품은 구매하지 않을 뿐 아니라 나아가 다른 사람들에게도 구매하지 않도록 권유하는 적극성을 겸비하고 있는 것으로 나타났다.

이러한 현상을 반영하여 디지털 시대 로하스족을 충족시키기 위

느림의 미학을 추구하는 문화 상품

분야	사례
출판	느리게 산다는 것의 의미, 느림의 지혜, 현명한 부모는 아이를 느리게 키운다, 느림보 학습법 등
캐릭터	타레판다, 스노우캣
음악	발라드 곡의 꾸준한 인기
영화	봄날은 간다, 집으로
기타	슬로푸드, 명상, 요가 등

한 제품과 서비스가 다양한 분야에 걸쳐 나타나고 있다.

출판에서 《느리게 산다는 것의 의미》, 《느림의 지혜》, 《느림보 학습법》 등과 같이 느림을 주제로 한 책들이 인기를 끌고 있고, 음악에서 느린 발라드 곡이 꾸준히 인기를 누리고 있는 것도 이러한 현상과 무관하지 않다.

로하스 제품으로는 출산용품을 비롯해서 천연 화장품과 천연 비누 같은 친환경 제품을 예로 들 수 있다. 최근 들어 로하스 제품은 DIY형 제품과 친환경 농산품을 넘어 제조업 전반에 걸쳐 확대되며 제품의 판매 역시 증가하고 있다. 고객이 주문하면 그때부터 냉동하지 않은 신선한 재료를 사용해서 만드는 인앤아웃 버거가 등장하고 유통점에서 로하스 코너를 개설한 것 등이 이러한 모습을 잘 보여주는 예라 할 수 있다.

Marketing Tip

틈새시장을 넘어 시장을 적극적으로 개발하라

디지털 시대에 느림과 로하스는 단순한 틈새시장 이상의 의미를 지니고 있다. 대한상공회의소가 발표한 연구보고서에 따르면, 미국은 이미 30% 이상의 인구가 로하스적인 라이프스타일을 보이고 있다. 선진 기업들은 지구온난화 규제 및 방지에 관한 국제 협약인 교토의정서 발효로 로하스 제품의 개발을 더욱 가속화할 것이다. 기업은 이제 일차적으로는 친환경 제품을 생산하는 그린 마케팅을 전개하고, 나아가 감량(reduce), 재이용(reuse), 재생(recycle) 등 3R을 통해 환경 보호와 이를 위한 적극적인 지원 활동을 펼쳐야 할 것이다.

디지털 온고이지신
― 디지털 시대의 복고 마케팅

인터넷과 이동통신으로 대표되는 디지털 기술을 통해 새로운 것에 대한 추구와 빠른 수용이 매우 중요한 가치가 되었음은 분명한 사실이다. 그렇다면 디지털 시대의 소비자들은 새로운 것에만 가치를 두는 것일까?

디지털 시대 소비자들은 새로운 것뿐 아니라 옛것에도 상당한 가치를 두고 있다는 것을 종종 발견할 수 있다. 어쩌면 디지털 시대이기 때문에 전통과 추억에 대한 향수가 더욱더 커지고 있는지도 모른다. 디지털 시대의 소비자는 옛것을 익히고 이를 바탕으로 새로움을 추구하는 '온고이지신(溫故而之新)'의 정신을 지니고 있다.

농심은 2005년에 창립 40주년을 맞아 '그 라면을 돌려주마'라는 주제로 라면 대축제를 열고 농심라면을 재생산했다. 농심라면은

복고 마케팅으로 새롭게 태어난 제품들

자료 : http://company.lottechilsung.co.kr/product/drink_product.jsp?code=103&brand_seq=468&page=1 ; http://www.lottesamkang.com ; http://www.nongshim.com

1975년에 처음 출시된 이래 15년간 6억 원 정도가 팔렸던 제품이다. 또한 롯데삼강은 1962년부터 1969년까지 아이스크림의 대명사로 시대를 풍미했던 '삼강하드'를 36년 만에 다시 내놓았고, 롯데칠성은 1993년에 생산을 중단한 '델몬트 따봉 주스'를 재출시했다. 따봉은 '매우 좋다'라는 뜻의 브라질어로 델몬트 주스 광고에 소개된 뒤로 국민적 유행어가 되기도 했다.

이처럼 과거에 유행하다가 사라진 제품들이 새로운 모습으로 등장해서 소비자들의 사랑을 받는 이유는 무엇일까? 그것은 이러한 복고 제품들이 과거의 소비자들에게는 추억과 향수를 불러일으키고, 새로운 소비자들에게는 호기심과 재미를 선사하기 때문이다.

LG경제연구원의 이연수 선임연구원은 복고 마케팅이 유행하는 이유로 복고의 보편성을 든다. 즉 추억과 향수가 한때의 유행이 아니라 인간의 보편적인 욕구이기 때문에 시공을 초월해 사람들을 은근히 사로잡는 매력을 지니고 있다는 것이다. 또 새로운 것을 창조

캐포츠룩을 입은 배우들

자료: http://www.naver.com ; http://www.ntv.co.jp

하기 위해서는 과거의 것에서 끊임없이 영감을 얻고 재활용하는 노력이 필요하다는 점도 복고 트렌드가 힘을 얻는 이유이다.

요즘 길을 가다 보면 운동복처럼 보이는 편한 복장으로 다니는 젊은이들을 자주 만날 수 있다. 과연 그들은 운동복이라 생각할까? 아니다. 그것은 캐포츠룩이다. 캐포츠(caports)는 캐주얼(casual)과 스포츠(sports)를 합친 신조어로 '운동복처럼 생긴 평상복'을 일컫는다. 즉 스포츠의 활동성과 기능성, 캐주얼의 편안함과 자유로움을 추구하는 디지털 시대 소비자의 새로운 패션이라고 할 수 있다.

이러한 캐포츠의 원조는 무엇일까? 거슬러 올라가면 일본 드라마 〈고쿠센〉의 주인공과 영화 〈킬 빌〉에서 우마 서먼이 입었던 옷이고, 누구나 잘 아는 영화배우 이소룡의 복장이라고 할 수 있다. '추리닝'이라고 하면 우리나라에서는 고시생들과 백수들의 상징으로 여겨졌다. 하지만 2002년 월드컵을 거치고 편안함과 웰빙을 추구하는 소비자의 특징이 반영되면서 '추리닝'이 디지털 시대의 캐포츠로 다시 태어난 것이다.

이처럼 디지털 온고이지신은 단순히 옛것을 되살리고 도입하는 것을 넘어 디지털 시대에 맞게 새롭게 재탄생시키는 것을 의미한다. 그렇다면 디지털 시대에 전통과 복고를 어떻게 활용할 것인가? 과거에 유행했던 제품이나 서비스를 재출시하면 되는 것일까? 당연히 과거의 것을 그대로 재현하는 것이 아니라 그것을 새롭게 해석하고 디지털적 의미와 가치를 부여해야 할 것이다.

Marketing Tip

복고 바람에 소비자를 참여시켜라

디지털 시대에 복고를 활용하는 법으로 소비자를 참여시키는 방법이 있다. 농심의 경우 새로운 라면을 선정할 때 소비자 투표를 활용했다. 농심라면은 왈순마, 사락면, 브이라면, 까만소라면, 느타리라면 등 1960~1980년대에 시판됐던 6개 제품 중 소비자들이 다시 먹고 싶은 라면 인기투표에서 16만 표(전체 43만 표)를 얻어 1위를 차지했다.

복고를 활용하는 또 다른 방법으로 현대적 요소를 가미하는 방법이 있다. 실제로 롯데칠성은 저가 제품의 소비 경향에 발맞춰 '따봉 주스'를 초저가의 저과즙(5~15%) 콘셉트로 재출시했고, 역시 현대인의 기호에 맞게끔 오렌지와 구아바 과즙으로 원료를 한정했다. '삼강하드'도 기존의 우유 맛을 유지하면서 신세대를 고려해 부드러운 맛을 한층 강화했다. 이밖에 앞에서 얘기한 캐포츠 제품들이 좋은 예가 될 것이다.

Chapter 6

디지털 시대의 소비자, 이성과 감성의 복합체

이성과 감성이 만나면 디지털 소비자?
- 모순의 소비 코드

  디지털 시대 소비자의 특징을 한마디로 단정하기는 대단히 어렵다. 인터넷 및 디지털 기기가 보급되면서 엄청난 정보를 간편하게 검색할 수 있게 된 소비자들이 이성적이고 합리적으로 변화할 것이라는 예측과 크게 상반되는 현상이 나타나고 있다. 인터넷이 보급되기 시작하던 초기에는 정보지향적 성향이 훨씬 커질 것으로 예측되었다. 정보의 바다를 항해하면서 다양한 정보를 손쉽게 검색하여 효율적으로 활용하는 것을 미래 소비자의 전형적인 모습으로 제시하곤 했다.

  디지털 기술이 발전하면서 소비자들은 가격과 브랜드 관련 정보를 손쉽게 얻어서 이를 합리적으로 활용하고 있다. 하지만 한편으로는 감성을 추구하는 현상이 빠르게 확산되고 있다. 온라인 게임, 영상 디자인, 동영상, MP3 음악 파일 등이 큰 인기를 얻고 있는 데서 알 수 있듯이, 감각적이고 감성적인 콘텐츠를 보다 손쉽게 만들어 유통시킬 수 있는 환경이 조성되면서 이러한 성향이 급속히 심화되고 있다.

미스 김은 사내에서 손꼽히는 베스트 드레서. 결혼 적령기의 그녀는 이번 주말에 근사한 신랑감 후보 한 명을 소개받기로 되어 있다. "흠, 이 귀한 자리에 아무렇게나 나갈 수는 없지…" 한동안 고민하던 그녀는 뜨거운 태양빛을 우아하게 가려줄 양산으로 멋스러움을 한껏 뽐내려 마음먹는다. 지난해 큰마음 먹고 구입한 게 있기는 하지만 벌써 한참 지난 구닥다리로밖에는 보이지 않는다. 그녀의 머릿속에는 벌써 이름만 대면 알 만한 잡화 브랜드들이 줄을 잇는다. "A 브랜드… 최고의 제품이지. 하지만 가격이 좀 비싸다는 게 걸리는군." 이보다 조금 떨어지는 B 브랜드 역시 국내 최고의 명품이지만 가격은 A 브랜드 제품의 3분의 2에 불과하다. 그렇다고 기능에 별반 차이가 보이지도 않는다. 하지만 미스 김은 주저없이 합리적인 소비자이기를 포기한다. 선택은 당연히 A 브랜드… 왜? 난 소중하니까.

"자, 이제 제품은 결정이 되었고 이걸 어떻게 사야 할까?" 머릿속이 복잡해진다. 나른한 오후의 사무실에서 마우스의 클릭 횟수가 빈번해진다. 이곳저곳의 온라인 명품 숍들을 빼놓지 않고 훑는다. 여기에 그치지 않는다. 신용카드 회사에서 제공하는 우수 고객 할인 혜택에 이틀 전 백화점에서 배달된 특별 행사 쿠폰까지 온갖 경우의 수에 대한

계산을 빼놓지 않는다. 단돈 1원도 더 비싸게 살 수는 없다. 왜? 난 바보가 아니니까.

과연 미스 김은 합리적인 경제 주체인가, 아니면 과시적인 성향의 비합리적인 소비자인가? 비슷한 기능을 가졌음에도 훨씬 더 비싼 제품에 과도한 비용을 지출하는 것은 분명 합리적인 경제 주체의 모습이 아니다. 하지만 단돈 100원이라도 불가피한 지출을 피하기 위해 상사의 눈치를 봐가며 국내의 모든 쇼핑몰을 돌아보고 활용 가능한 구매 혜택을 줄줄이 꿰는 것을 보면 가격에 민감한 정보지향적 특성을 알 수 있다. 이와 같이 일상적인 소비 현장에서 모순되는 소비 행위가 심심치 않게 목격되고 있다. 변화에 대해 수용 능력이 뛰어나고 자기표현에 솔직하고 과감한 10대와 20대 가운데에는 더 이상 알뜰한 소비자가 존재하지 않는 듯 보인다.

―자료 : 김상일(2003).

소비자들이 과거에 비해 더 합리적이고 이성적으로 변했는지, 아니면 더 감각적이고 감성적으로 변했는지 판단하기 어려워지면서 이들을 모순덩어리라고 부르는 상황이 되었다. 이러한 현상을 가리켜 '소비의 양면성'(삼성경제연구소, 2002), '모순의 소비 코드'(LG경제연구원, 2003), '디지로그'(이어령, 2006)라고 표현한다. 예를 들어 디지로그는 디지털 기술과 아날로그 감성이 융합되어 나타나는 현상을 일컫는다.

디지털 시대의 소비자들은 자신을 상징적으로 표현하기 위하여 명품 브랜드를 구매하지만, 가격 비교를 위해 수많은 정보를 탐색하는 것과 같이 감성적 특성과 이성적 특성을 동시에 지니고 이중적인 행동을 보인다. 이들의 이중적 특징을 아래와 같이 요약할 수 있다.

첫째, 디지털 시대의 소비자들은 상품에 대한 정보를 얻기 위해 엄청나게 많은 시간을 투자하지만 막상 구매 시점이 되면 무모하리만큼 순식간에 실행에 옮긴다. 인터넷에는 제품에 대한 다양하고 유용한 정보가 넘쳐나고, 제품의 사용 후기와 관련 뉴스, 가격 등 수많은 정보가 존재한다. 소비자들은 이러한 정보를 찾아내고 기억하고 정리하는 데 상당한 시간을 투자한다. 하지만 막상 구매 시점에서는 저돌적인 성향이 나타난다. 마음에 드는 물건은 일단 사고 보자는 식이다. 정보 검색 단계에서 신중하기 이를 데 없는 햄릿형 소비자가 구매 단계에서 갑자기 과감하고 거칠 것이 없는 돈키호테형으로 변모하여 '질러 질러'를 외치는 이른바 '질러족'이 되어 순식간에 구매 결정을 내리는 것이다. 예전 같으면 전형적인 충동구매로 분류할 만한 소비행동이 광범위하게 확산되고 있다.

둘째, 정보 검색의 효율성을 높이기 위해 신경을 쓰지만 제품에 관한 정보를 재미 삼아 검색하는 소비자가 늘고 있다. 디지털 환경에서 합리적인 의사결정을 하기 위하여 정보 검색에 많은 시간을 투자하는 등 꼼꼼하고 치밀한 성향을 보이지만, 종종 그 자체를 즐기면서 흥미 위주로 검색하는 양면성을 보인다. 뉴스 검색 순위에서 연예인 관련 기사가 상위권을 차지하고, 가장 비싼 호텔이 어디이며 세계에서 가장 많은 재산을 가진 사람이 누구인가 하는 따위의 시시콜콜한 정보를 검색하느라 많은 시간을 허비한다. 시험공부를 하기 위하여 정보를 검색하다가 유머 사이트로 넘어가서 시간을 허비하는 바람에 시험 준비를 못했다는 대학생의 고백이 흔한 일이 되고 있다.

셋째, 마음에 드는 명품 브랜드를 구입하기 위하여 큰돈을 지불하지만 한 푼이라도 아끼기 위하여 많은 노력과 시간을 투자한다. 그들은 일반 브랜드와 큰 차이가 없어 보이는 명품 브랜드를 구입하기 위하여 많은 돈을 기꺼이 지불한다. 하지만 지출되는 돈을 줄이기 위하여 가격 비교 사이트를 뒤지고 온라인/모바일 쿠폰과 할인 카드를 꼼꼼히 챙긴다. 당장 지출해야 하는 액수를 줄이기 위하여 적극적인 행동을 할 뿐만 아니라 어떤 온라인 쇼핑몰의 가격이 저렴하고 또 어떤 상점에서 할인 쿠폰이나 할인 카드를 사용할 수 있는가 하는 정보를 얻기 위하여 평소에도 시간과 노력을 아끼지 않는다.

넷째, 일정 항목에 대해서는 과감하게 지출하지만 다른 항목에 대해서는 지출을 획기적으로 줄인다. 예를 들어 혼수를 준비할 때 무리를 해서라도 대형 LCD/PDP TV를 구입하고 호사스러운 예복을 준비하지만, 장롱에 묵혀둘 것 같은 폐물이나 다른 사람들의 눈치를 보느라 준비하던 예단 등은 과감하게 줄인다. 자신이 개인적으로 원하는 것에 충실하고 불필요한 지출이라고 생각하면 미련을 갖지 않는다.

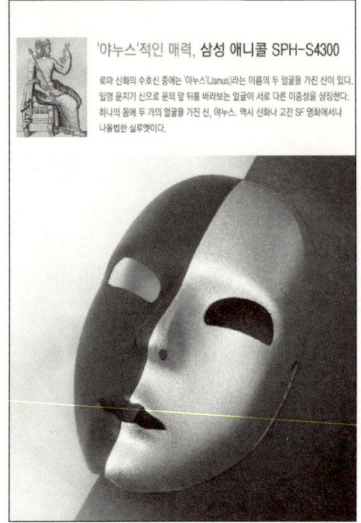

야누스적 매력에 호소하는 삼성 애니콜 광고

자료 : http://www.enfun.net/review/expert/?categorySeqNo=7&step=20&dataSeqNo=34353

다섯째, 제품의 기능과 성능뿐 아니라 디자인을 동시에 고려한다. 디지털 기술의 발달로 제품의 기능이 지속적으로 늘어나고 성능도 빠르게 개선되고 있다. 다른 브랜드에 비해 기능이 부족하거나 성능이 떨어지면 소비자들에게 외면받기 십상이다. 더구나 다른 사람들이 많이 보유하고 있는 인기 브랜드에 비해 기능이나 성능이 떨어져 남들보다 뒤처지는 듯한 느낌을 주는 브랜드는 시장에서 살아남기 어렵다. 하지만 디지털 시대에 까다로운 소비자들은 디자인에 대해서도 관대하지 않다. 감각적으로 만족스럽다는 느낌이 와서 '바로 이거다' 싶은 생각이 들지 않으면 구매하지 않는다. 기능과 성능만 뛰어난 브랜드는 언제든지 다시 구매할 수 있다고 생각하기 때문이다.

여섯째, 오랫동안 인기를 누리는 브랜드가 있는가 하면 급속히 인기를 얻었지만 금방 쇠퇴하는 브랜드가 있다. 신라면, 박카스 등 장수 브랜드는 수십 년이 지났어도 여전히 소비자들의 사랑을 받고 있지만 인기를 유지하지 못하고 쉽게 식어버리는 브랜드도 많다. 디지털 기술이 발달함에 따라 신제품이 지속적으로 출시되고 새로운 기능이 추가되면서 유행의 주기가 빨라지는 것은 피할 수 없다. 인터넷이라는 효율적인 정보 소통 매체를 통하여 관련 정보가 급속히 확산될 뿐 아니라, 글로벌 브랜드가 국내에 진출하면서 다양한 대체 브랜드가 존재하는 상황이 되었다. 특히 엔터테인먼트 시장의 경우 유행 주기가 급속히 짧아지고 있다. 혜성처럼 나타났다가 소리 소문 없이 사라지는 반짝 스타가 많은 것이 그것을 말해준다.

디지털 시대에는 소비자의 욕구도 이중적으로 변하며 훨씬 까다로워지고 있다. 성능은 기본이고 즐거움을 함께 요구하기 때문이다. 즐거움과 안정감을 동시에 추구하는 현상을 그 예로 들 수 있다. 안정성을 중시하는 현상은 특히 직업 선택에서도 나타나고 있다. 공무원 시험에 엄청난 지원자가 몰리고 교사, 의사, 약사 등 안정성이 높다고 평가되는 직업을 선호하는 경향이 있다. 실제로 업무가 적성에 맞지 않더라도 안정적인 직업이 필요하다고 생각하는 사람이 많다. 한편으로는 인생에서 즐거운 일을 하는 것이 가장 중요하다고 생각하는 사람들도 빠르게 늘고 있다. 가수나 댄서, 배우, 개그맨 등 연예인 지망생과 아나운서 지망생이 크게 늘면서 유사 직종인 기상 캐스터도 대단한 인기를 누리고 있다. 이와 함께 즐거움을 추구하는 소비자들에게 큰 호응을 얻고 있는 TV 개그 프로그램과 유머 사이트가 급속히 늘고 있다.

디지털 시대의 소비자는 미래를 위하여 미리부터 준비하지만 당장의 즐거움이 중요하다고 생각한다. 증권사 펀드, 부동산 투자 등 재테크 수단이 많은 주목을 받고 미래를 대비하기 위한 보험과 연금도 항상 관심의 대상이 되고 있다. 반면, 카드대란에서 볼 수 있었듯이 자신의 능력을 고려하지 않은 채 일단 쓰고 보자는 사람들도 많다. 현재의 즐거움을 위하여 미래의 상환 걱정은 일단 접어두는 것이다. 특히 상환 능력이 떨어지는 젊은 층이 신용불량자가 된 것은 현재의 즐거움을 위하여 미래는 나중에 걱정하자는 안일한 생각 때문이다.

외모에 대한 관심이 높아지면서 미용시장과 성형시장의 규모가 커지고 있지만 막상 연예계에는 이른바 '얼짱'이나 '꽃미녀', '꽃미남'이라고 하기 어려운 독특한 개성을 가진 연예인들이 '비호감'이라는 용어를 만들어내면서 큰 인기를 얻고 있다. 박경림, 조정린, 이문식, 노홍철 등이 개성 강한 연예인으로 손꼽히는 이들이다. 또 여성 미용시장은 물론이고 남성 미용시장까지 빠른 속도로 성장하고 있다. 성형수술을 통한 얼짱 되기, 피트니스 센터에서 몸짱 만들기가 일반인의 관심사로 부각되었다.

국내 휴대전화 업계도 감성을 자극하는 디자인을 개발하기 위하여 노력하고 있다. 삼성전자는 최근 '슬림'을 테마로 한 휴대전화 마케팅을 펼치고 있다. 세계에서 가장 얇은 6.9mm '울트라 에디션'을 출시하고 슬림&J, H(전지현, 이효리) 프로모션을 진행하고 있다. 삼성의 애니콜 광고는 '가로 본능'과 같이 주로 차별화된 기능을 부각시켰는데 최신 광고에서는 휴대전화가 단순한 그래픽의 일부로 등장할 뿐이다. '슬림'이라는 테마를 중심으로 전지현, 이효리가 등장한 광고가 큰 주목을 받았다. '슬림'이라는 기능보다는 이제 '누

감성과 이성에 모두 호소하는 모토로라의 '레이저폰'

자료 : http://ibiznet.inews24.com/info/info_view.php?cate=030304&key=6004

구누구 폰' 하는 식의 상징적·감성적 코드를 자극하는 데 초점을 맞추고 있는 것이다.

LG전자도 '초콜릿폰' 이후 감성적 디자인을 개발하여 싸이언 휴대전화를 디지로그화한 것으로 보인다. 휴대전화에 내장되는 콘텐츠에도 '감성'을 담아 보다 다양한 벨소리와 효과음을 제공할 계획이다.

모토로라는 '레이저' 최신 제품에 문신(tatoo) 디자인을 도입했다. 레이저 에칭 기법을 이용해 문신을 새길 수 있으며 문신 전문 아티스트들이 참여하여 예술 작품으로 인정받는 다양한 문신을 휴대전화에 도입하고 있다. 모토로라는 최근에 용 문양을 새긴 휴대전화를 출시했으며 이밖에도 다양한 디자인의 '레이저' 제품을 시장에 내놓을 예정이다.

Marketing Tip

소비자의 트렌드를 이해하라

디지털 시대에는 유행이 빨리 바뀐다. 따라서 변덕스러울 정도로 까다로운 소비자들이 어떤 방향으로 가고 있는지 재빨리 파악할 필요가 있다. 다른 업종에서 힌트를 얻는 것도 좋은 방법이다. 문화의 의미가 커지고 있기 때문에 영화 등 대중문화의 흐름을 파악하는 것이 필요하다. 디자인의 추세를 이해하기 위하여 직접적인 관련이 없더라도 패션 산업의 동향을 감지하는 것도 좋은 방법이다. 디지털 소비자에게는 기능 못지않게 감성적 만족이 중요하다. 기능에만 집중해서는 성공하기 어렵다. 소비자들이 제품에 대하여 요구하는 기능과 그들의 감성적 욕구를 정확히 파악할 필요가 있다. 아이팟과 같이 탁월한 기능과 빼어난 디자인을 두루 갖춘 브랜드가 성공할 수 있다.

더 많은 정보, 더 낮은 가격
– 정보 활용에 능숙한 디지털 소비자

직접 쇼핑몰을 운영하는 다음외 디엔샵을 제외하고 포털 쇼핑 서비스는 전문 쇼핑몰들의 입점을 통한 중개 수수료를 취하는 방식으로 운영되고 있다. 때문에 포털은 제품의 확보나 배송 등 유통 부분에 손댈 필요 없이 장소만 제공함으로써 높은 수익을 올리고 있다. 오프라인으로 따지면 고수익 임대업을 하고 있는 것이다. 특히 네이버 지식쇼핑의 성장은 괄목할 만하다. 2004년 12월 653만 명이던 순방문자 수가 1년 사이에 1,139만 명으로 두 배 가까이 늘었고, 2005년 매출액 또한 2004년 110억 원에서 두 배 이상 성장한 것으로 추산하고 있다. 야후!쇼핑 또한 2005년 매출이 전년 대비 110% 성장했으며 지난 2003년까지 전체 매출 5%를 밑돌았던 매출 비중이 현재 15%를 차지하고 있다. 네이트몰도 전년 대비 250%의 성장을 기록했다고 밝혔다. 한 업계 관계자는 "쇼핑 서비스는 포털의 주력 서비스인 검색에 비해 인력, 관리, 시간 등 자원 효율성이 상대적으로 높기 때문에 효자 비즈니스 모델이 되고 있다"고 말했다. 실제 게임을 포함한 NHN 전체 매출의 7%를 차지하고 있는 네이버 지식쇼핑 전담 인력은 전체 1,000여 명 중 13명에 불과하다."

―자료 : ZDNet KOREA(2006. 1. 31).

포털 서비스 업체들이 쇼핑 정보 및 가격 비교 서비스를 제공하면서 좋은 성과를 내고 있다는 사실은 그만큼 정보 탐색과 쇼핑이 밀접한 관계가 있다는 증거이기도 하다. 포털사이트 방문자가 워낙 많기 때문에 목 좋은 자리에서 오프라인 점포를 운영하는 것과 유사한 면이 있는데, 디지털 시대의 소비자는 온라인상에서 제품 정보를 검색하고 가격을 비교하는 것을 쇼핑 활동으로 여긴다. 온라인 쇼핑몰 방문자 순위에서 네이버 쇼핑몰이 옥션과 G마켓에 이어 3위를 차지하고 있다.

디지털 환경에서는 다양한 제품 정보 및 가격 비교 정보로 무장한 노련한 소비자들이 늘고 있다. 이들의 소비행동에서 나타나고 있는 이성적 특성을 살펴보자.

첫째, 인터넷의 보급으로 정보 검색이 용이해지면서 소비자가 선택할 수 있는 경우의 수가 크게 늘어났다. 구태여 점포를 방문하지 않고도 직장이나 집에서 인터넷 쇼핑몰, 검색 포털, 지식 검색 서비스, 전문가 조언 등을 통하여 쇼핑 정보를 얻을 수 있기 때문이다.

과거에는 고가의 명품 브랜드에 대한 정보를 얻으려면 전문 매장을 방문하거나, 부유층을 상대로 하는 잡지를 구독하거나, 사용 경험이 있는 소수의 사람들로부터 정보를 얻어야 하는 등 많은 노력이 필요했다. 하지만 인터넷을 이용하면 누구나 간단하게 검색어를 입력하거나 쇼핑몰의 명품 코너를 방문하여 손쉽게 정보를 얻을 수 있다.

둘째, 가격 비교가 훨씬 쉬워지면서 많은 소비자들이 가격 비교 사이트를 적극 활용하고 있다. 다나와(www.danawa.com), 에누리(www.enuri.com), 비비(www.bb.co.kr), 오미(www.omi.co.kr), 마이마진(www.mm.co.kr) 등이 대표적인 사이트이다. 최근에는 검색 포털업체들이 가격 비교 및 쇼핑몰 시장에 진출하여 소비자들의 가격 비교 성향에 대응하고 있다. 포털사이트 다음은 니앤샵을 직접 운영하다가 최근에 분사했으며, 다른 포털 업체들은 운영에 직접 참여하지 않지만 쇼핑몰과 가격 비교 서비스를 제공하고 있다. 가격 정보의 수집이 손쉬워지면서 소비자들의 가격민감도 또한 대단히 높아졌다. 기업들 간에 가격 경쟁이 치열해짐에 따라 소비자가 직접 가격을 정하는 프라이스라인과 같은 역경매 사이트도 등장했다. 또 휴대전화와 신용카드를 중심으로 포인트 적립 서비스가 크게 유행하고 있다.

셋째, 소비자들의 제품 사용 후기 등이 인터넷을 통해 전달되며 입소문 효과가 대단한 영향력을 발휘하고 있다. 그에 따라 다른 사람들의 추천 정보나 평가 정보, 그리고 전문가의 평가 정보가 점점 더 중요해지고 있다. 온라인 매체의 빠른 커뮤니케이션 능력에 의하여 이러한 정보들은 순식간에 퍼져나간다. 업체들도 이에 대응하기 위하여 구매 후기 작성시 포인트를 적립해주는 한편, 브랜드 커뮤니티 구축에도 상당한 지원을 하고 있다.

넷째, 브랜드 특성(속성) 정보를 더욱 많이 활용한다. 디지털 시대의 소비자들은 브랜드 자체의 특성보다는 전문가 혹은 다른 소비자들의 평가에 더 관심을 가진다. 하지만 마니아들이나 얼리어답터들은 개별 특성에 관한 정보에도 많은 관심을 기울인다. 또 마니아나 얼리어답터가 아니더라도 꼼꼼하고 분석적인 정보를 좋아하는 사람들도 많다. 이러한 사람들은 전형적인 태도 모형과 같이 개별 속성에 대한 평가 결과를 중요도에 따라 가중치를 두어 전반적인 평가를 내리는 것과 유사한 방식으로 정보 검색 및 브랜드 평가를 수행한다.

한편, 인터넷을 이용한 브랜드 정보 탐색과 관련하여 주목할 만한 현상은 소비자들이 디지털 환경에서 개별적인 속성에 의존하는 경우보다는 종합적으로 요약한 사용 후기 등 다른 사람으로부터 얻을 수 있는 손쉬운 정보에 더욱 의존한다는 점이다. 특히 이러한 정보가 자신과 유사한 사람에게서 나왔다면 여과 없이 그대로 받아들이

경제 시스템에서 거래의 주도권 변화

| 다양한 인터넷 쇼핑몰 이용 | 가격비교 사이트의 적극활용 | 구전의 영향 증대 | 브랜드 활용정보의 증대 |

는 성향이 나타나고 있다. 인터넷 쇼핑몰의 사용 후기나 검색 포털 등에서 입수한 브랜드 관련 정보가 많이 활용되고 있다. 브랜드와 관련한 이런 저런 세부 정보를 검색하는 것보다는 다른 사람들이 어떻게 생각하고 느끼고 평가하는지 요약한 정보들이 더 큰 위력을 발휘하고 있는 것이다.

디지털 환경에서는 다른 사람들과의 상호작용을 도모하고 여러 가지 활동에 참여하는 성향이 높아지고 있다. 많은 전문가들이 사회가 발전하면서 개인화 성향이 높아지고 자신만의 공간을 형성하면서 사회적인 교류가 줄어들 것으로 예측하였다. 하지만 커뮤니티(브랜드 커뮤니티 혹은 다른 목적의 커뮤니티), 인터넷 카페 등을 통하여 '끼리끼리 모이기(clanning)' 등으로 오히려 사회적인 교류가 활발하게 진행되고 있다. 인터넷은 공간을 초월한 커뮤니케이션 환경을 제공하기 때문에 성향만 같다면 지역적으로 멀리 떨어진 사람들이 집단을 이루어 활발하게 교류할 수 있다.

이와 함께 정치적인 이슈나 브랜드와 관련한 여러 가지 활동에도 적극적으로 참여하고 있다. 디지털 기술이 제공하는 양방향성과 다수에 대한 동시적인 커뮤니케이션에 힘입어 소비자들이 자신의 생각을 많은 사람들에게 전달하고 피드백을 받을 수 있는 환경이 되었다. 특히 부정적인 브랜드 정보는 인터넷을 타고 폭발적인 영향력을 행사하고 있다. 2002년 대통령 선거에서 인터넷은 막강한 커뮤니케이션 수단으로 작용했다.

Marketing Tip >>>>>>>>>>>>>>>>>>>>

브랜드 차별화를 통해 가격 민감도를 낮춰라

디지털 시대의 소비자는 일단 구매하고자 하는 브랜드를 정하면 능숙하게 정보를 검색하여 보다 저렴한 가격에 판매하는 유통업체를 찾아낸다. 하지만 마음에 드는 브랜드는 비싸더라도 구매하려는 특성을 가지고 있다.

또 가격 검색에 능숙한 소비자들은 유통 경로에 따라서 제품의 가격이 다르게 판매되고 있다는 것을 쉽게 알아차린다. 그러므로 다양한 유통 경로 간에 가격이 비슷한 수준으로 유지되도록 관리해야 한다. 이러한 방법이 여의치 않으면 경로별로 다른 제품을 내놓아야 한다. 이때 실제로는 동일한 제품을 다른 가격을 제시하기 위하여 약간의 변화만 주는 것은 오히려 소비자의 반발을 살 수 있으니 주의해야 한다. 이러한 사실은 인터넷을 통하여 급속히 전파될 수 있다.

가격경쟁력을 확보하고
가격 비교 사이트를 수시로 점검하라

유통업체는 많이 팔려서 소비자들이 가격을 잘 알고 있는 제품에 대해서 가격경쟁력을 확보해야 한다. 특히 차별화가 어려운 제품이 가격경쟁력을 확보하지 못하면 소비자들의 시선을 끌 수 없기 때문에 가격 할인 행사 등 트래픽 증대를 위한 방안을 마련해야 한다. 또 자사의 브랜드나 경쟁사 브랜드가 시중에서 어떤 가격에 판매되고 있는가를 파악하기 위하여 지속적으로 가격 비교 사이트를 점검해야 한다.

감성적 소비의 확산
- 디지털이 소비자의 감성을 키운다

 2~3년 전부터 창업시장에 퓨전 바람이 거세게 불고 있다. 특히 일본풍 이자카야 전문점이 대거 국내에 들어오면서 퓨전 선술집이 급격히 증가했다. 퓨전 선술집 '짱구야 학교가자(www.jjang9.co.kr)'는 일본풍을 배제하고 우리나라 옛 학교 풍경을 인테리어에 접목한 것이 특징이다. 여기에 추억을 살리는 다양한 이벤트를 실시해 퓨전 선술집의 새로운 방향을 모색했다는 평가를 받는다. 많은 퓨전 선술집이 일본의 이자카야 전문점을 모태로 변화를 준 것에 반해 '짱구야 학교가자'는 70·80년대 우리나라 학교 문화를 콘셉트로 잡았다.

 고객들은 이곳에서 주류나 음식뿐 아니라 향수와 호기심도 소비한다. '짱구야 학교가자'의 성공 비결은 인테리어 변화에만 머무는 것은 아니다. 고객의 감성을 자극하는 감성 마케팅과 즐거움을 주는 편 마케팅은 '짱구야 학교가자'만의 혁신이자 차별화 요소라 할 수 있다.

다양한 재미로 한번 온 고객은 꼭 다시 오게 만든다. 학창 시절로 돌아간 듯한 인테리어, 소품, 교복을 입은 종업원들이 고객의 추억을 자극한다. 음악은 70·80년대 유행 가요를 들려준다. 또 고객 카드는 학생증 형태로 만든다.

매장을 많이 방문한 고객에게는 상장을 주고 50% 할인 혜택도 제공한다. 재미 삼아 보는 '오늘의 운세'에는 안주 서비스가 포함돼 있다. 교복 입고 사진 찍기 등은 나만의 개성을 중시하는 젊은 층을 위한 이벤트다.

'짱구야 학교가자'의 이휘열 대표는 "앞으로 교장실, 교무실, 학생주임실 등의 공간을 별도로 만들고 교장선생님 훈시와 짱구학교 교가를 들을 수 있도록 하는 등 매장 분위기를 한 단계 업그레이드할 계획"이라고 말했다.

— 자료 : 《매일경제》(2006. 9. 6).

인터넷이 발달함에 따라 실시간 정보 확산이 가능하고 정보 취득이 용이해져서 구태여 유명 브랜드에 의존하지 않더라도 브랜드와 관련한 많은 정보를 취득함으로써 브랜드의 상대적 중요성이 감소할 것이라고 전망하는 전문가들이 있었다. 하지만 디지털 기술의 발전은 직간접적으로 브랜드의 감성적·감각적·상징적 의미를 오히려 강화하고 있다. 디지털 기술의 직접적 영향은 영상 및 음향 기기의 혁신적인 발달로 이어진다. 디지털 기기는 훨씬 더 선명한 화질과 음질을 제공할 수 있기 때문에 현실에 근접한 감성적 소비 경험을 선사할 수 있다. 디지털 기술의 발달로 전반적인 경제 수준이 향상되면서 소비자들이 기능보다는 감각을 추구하는 성향이 커지는 간접적인 영향이 나타나고 있다.

감성적인 소비 성향이 강해지면서 즐거움을 제공하는 펀 마케팅, 따뜻한 느낌을 전하는 웜 마케팅이 크게 유행하고 있다. 또 빼어난 디자인으로 멋스러운 느낌을 전달하고 이와 함께 문화적 취향을 제공할 수 없으면 아무리 기능이 좋아도 시장에서 성공하기 어렵다. 여기에 그럴듯한 이야기가 추가되어야 소비자들이 흥미를 느끼기 때문에 스토리텔링(storytelling)이 중요한 마케팅 수단으로 등장했다. 경제적인 여유는 명품 소비로 이어지고 있으며, 이러한 현상은 이머징 마켓(emerging market)이라고 할 수 있는 중국과 인도 등에서도 빠르게 확산되고 있다.

차가운 느낌을 주는 디지털 기술이 오히려 문화적 욕구를 강화하고 있다. 디지털 화면과 음향에 기반한 대형 TV, 컴퓨터 그래픽, 그리고 이러한 기술을 활용한 영화 등은 물론이고 다양한 분야에서 문화적 욕구가 커지고 있다. 1,000만 관객을 돌파한 한국 영화가 여러 편이며 디지로그가 함축하고 있는 것처럼 아날로그적인 휴먼 터치의 중요성이 확산되고 있다.

더구나 최근에는 한류의 영향으로 한국 대중문화의 영향력이 아시아권으로 퍼져나가고 있다. 가수 '비'가 월드 스타의 위상을 갖추기 시작했고 미국의 흑인 소년들이 최상의 위치를 독점하면서 세계적인 인기를 얻고 있는 브레이크 댄스에서도 미니멈크루, 갬블러 등 국내 비보이 팀들이 세계 대회를 석권하고 있다.

　디지털 시대에 감각적인 소비 성향이 오히려 빠른 속도로 확산되고 있다. 펀 마케팅과 엔터테인먼트 등이 중요한 키워드로 등장하고 있는 것이 그 사실을 말해준다. 경제적으로 풍요롭고 자유롭게 감각적 경험을 얻을 수 있었던 영상세대는 어렸을 때부터 컬러 TV를 접하며 디지털 기술이 제공하는 영상과 음향에 익숙하다.

　디지털 기술에 의한 TV, PC, MP3 플레이어, 디지털카메라 등은 영상과 음향의 품질을 획기적으로 개선하여 보다 현실감 있는 콘텐츠로 감성적이고 감각적인 경험을 제공하고 있다. 온라인 게임은 공간을 초월하여 다양한 사람들이 참여할 수 있으며 생생한 영상과 음향 효과가 재미를 더해준다. 이러한 기술 기반에 힘입어 디지털 시대의 소비자들은 과거의 소비자들에 비하여 감성적이고 감각적인 만족을 추구하는 성향이 오히려 커지고 있으며 브랜드에 대해서도 이러한 성향이 강하게 나타나고 있다.

　디지털 기반이 확고히 자리 잡으면서 즐거움과 재미를 추구하는 소비자들이 크게 늘고 있다. 이들을 겨냥한 펀 마케팅이 확산되면서 재미있지 않으면 시장에 발붙이기 힘든 환경으로 바뀌고 있다. 대표적인 예로 디시인사이드는 디지털카메라 전문가들이 신제품을 평가하고 디지털 사진을 게재하는 사이트이지만 이른바 '디시 폐인'들의 놀이공간으로 더 유명하다. 자신들이 직접 참여하여 콘텐츠를 제작하고 서로 나누면서 즐거움을 추구하는 대표적인 인터넷 사이트이다.

최근 들어 이동통신 서비스 업체들이 신세대 소비자들의 취향을 마케팅에 적극적으로 반영하고 있다. 매장이나 온라인 사이트의 분위기를 바꾸어 단순히 휴대전화를 구매하고 서비스에 가입하는 장소가 아니라 즐겁고 재미있는 휴대전화 문화를 향유하는 공간으로 탈바꿈시키고 있는 것이다. KTF는 매직앤닷컴(www.magicn.com)을 통해 다양한 이벤트를 벌이고 있으며, LG텔레콤은 폰앤펀(Phone & Fun) 매장을 열어 디지털 소비자들의 취향에 부응하기 위해 노력 중이다. 펀 마케팅의 확산은 유머 감각이 사회적으로 중요한 인성으로 자리 잡고 〈웃찾사〉, 〈개그콘서트〉 등 TV 개그 프로그램이 꾸준히 인기를 얻고 있는 추세와 밀접한 관계가 있다.

Marketing Tip

감성에 호소할 수 있는 일관된 브랜드 이미지를 구축하라

감성 마케팅과 관련하여 아이디어를 내기란 쉽지 않다. 조금만 타이밍을 놓쳐도 금세 식상한 것이 되어 소비자의 시선을 끌지 못하기 때문이다. 그렇다고 일관성 없는 마케팅을 전개하면 결과적으로 남는 것이 없다. 체계적인 분석을 통하여 어떤 이미지를 구축할 것인가를 결정하고 큰 테두리 안에서 이를 벗어나지 않고 지속성을 가질 때 강력하고 호소력 있는 브랜드 이미지를 구축할 수 있다.

소비자 욕구에 부합하지 않는 펀 마케팅은 순간적인 즐거움을 줄 수 있을지 모르지만 오히려 목표 제품이나 서비스에 대한 주의만 분산시킬 수 있다. 제품과 관련한 소비자의 욕구를 분석하여 만족감과 즐거움을 동시에 줄 수 있는 방안을 마련해야 한다.

충동구매와 명품에 열광하는 소비자
– 구매하는 순간을 즐겨라

지름신(神)은 인터넷 유행의 일종으로, 소비를 부채질하는 권능을 가진 신으로 알려져 있다. 낱말은 동사 '지르다'의 명사형 '지름'과 '신'의 합성어다. '지르다'는 요즘 와서 충동적으로 물자나 서비스를 구매함을 일컫게 되었는데, 전부터 동사 '지르다'에는 '내기에서 돈이나 물건을 걸다'와 같은 의미가 있었으며 현대 소비 양상의 변화에 따라 확장된 의미를 갖게 된 것으로 보인다.

'지름'을 명확히 정의할 수는 없으나 이 말을 쓰는 누리꾼 사이에는 '필수품이 아닌 것'을 구입할 때에 특히 어울리며, 값이 비쌀수록 '지른다'는 말에 들어맞는다는 인식이 자리 잡고 있다. 절약해야 할 때에 꼭 손에 넣고 싶은 것이 생겨 유혹을 받게 되는 것이, 마치 본인의 의사가 아니라 거부할 수 없는 강력한 힘에 의해 종용된 것처럼 느

인터넷에 떠도는 지름신과 그 숭배자들

자료 : http://app.yonhapnews.co.kr/YNA/Basic/article/Press/YIBW_showPress.aspx?contents_id=RPR20050818002900353

껴진다는 데서 이러한 '신'의 존재를 설정하는 발상이 나온 것으로 보인다.

가장 직접적으로 지름신의 존재를 누리꾼들 사이에 끌어들인 것은 어떤 블로그에 올라온 글인 것으로 알려져 있다. 이 글에서 글쓴이는 인터넷에 알려진 가장 유명한 지름신의 이미지를 만화《지상 최강의 남자 류(地上最強の男龍)》에 나오는 예수 그리스도를 편집해 만들어 올렸으며 이것이 다른 블로그로 퍼져 폭발적으로 지름신의 '교세'를 키우게 되었다.

— 자료 : ko.wikipedia.org

디지털 시대의 소비자는 참을성이 없다. 마음에 드는 물건이 있으면 즉시 구매하려고 한다. 과거에 비해 경제적인 능력이 커졌으며 사용한도가 두둑한 신용카드가 항상 지갑에 꽂혀 있다. 여기에 인터넷을 타고 번져나간 '지름신'이 충동구매를 부추긴다. 다들 나와 비숫하다는 생각을 하면서 위안을 얻는다. 일종의 동류의식이 작용하여 구매 욕구를 정당화하는 것이다. 마케팅 담당자들의 입장에서는 상당히 반가운 현상이라고 할 수 있다. 요리조리 따져보고 나서 구매를 결정하는 소비자들에 비해 일단 마음에 들면 거리낌 없이 행동에 옮기는 소비자들이 그저 고맙기만 하다.

하지만 마케팅 담당자들도 '지름신'의 강림이라는 현상을 환영만 하고 있을 수는 없다. 구매 결정으로 이어질 수 있도록 명확한 포지셔닝에 기반하여 제품의 특성을 제시하고 포장과 디자인 등이 소비자의 눈에 쏙 들도록 구성해야 한다. 또 소비자가 제품을 구매한 뒤에 후회할 가능성에 대해서도 대비할 필요가 있다. 제품을 일단 구매한 소비자라도 '지름신이 강림하여 사긴 했는데…' 라는 느낌이 든다면 해당 기업을 원망할 가능성이 크다. 지불 능력이 떨어지는

국내에 진출한 해외 명품 브랜드의 2005년 실적 (단위 : 억 원, 전년대비 %)

	매출액	증감률	순이익	증감률
루이비통코리아	892.9	52.4	41.2	209.8
구찌그룹코리아	1,215.4	8.7	38.7	251.8
BMW코리아	4,584.2	4.7	186.7	흑자 전환
메르세데스벤츠코리아	3,634.0	47.7	99.9	105.1
프라다코리아	271.1	5.5	0.4	흑자 전환
불가리코리아	214.9	-15.4	-4.2	적자 전환
아우디폭스바겐코리아	2,256.2	882.3	-48.6	-46.9

자료 : 《경향신문》(2006. 6. 5).

소비자라면 이러한 현상이 훨씬 증폭될 수 있다. 지름신의 강림과 매출 증대를 즐기기만 하다가는 반사회적인 기업으로 낙인찍힐 수 있다.

한편, 감각적인 소비 성향이 명품에 대한 선호도를 키운다. 기술 발전이 경제 수준의 향상으로 연결되기 때문에 경제적으로 풍요로운 소비자들은 제품의 기능만을 따지지 않고 감성적으로 얼마나 만족할 수 있는가에 큰 관심을 가진다. 실제 경제적으로 풍요로워지면서 명품 브랜드에 대한 소비가 크게 늘고 있다. 국내 명품 패션잡화 시장은 1조 5,000억~2조 원 수준이고 해외에서 구매하는 제품을 포함할 경우에는 3조 원에 육박하는 것으로 추정된다.

소비가 고급화되면서 부유층이 독점적으로 사용해왔던 명품 브랜드를 중산층이 소비하기 시작했다. 일본에서는 일반 브랜드와 비교할 수 없을 정도로 값비싼 루이비통이 여성 싱글족을 중심으로 인기 있는 브랜드가 되었다. 명품 브랜드 중에서도 하위 그룹에 속하는 BMW 3 시리즈, 코치(Coach) 등 매스티지(masstige) 혹은 신명품(new luxury)이 큰 인기를 얻으면서 중산층 및 서민층으로까지 확산되고 있다. 이러한 현상은 신용카드 할부 판매 등에 힘입어 빠른 속도로 번져나가고 있는 실정이다.

이와 함께 명품 브랜드에 대한 정보가 인터넷을 통해 빠르게 확산되면서 명품 소비가 앞으로 크게 늘어날 것으로 전망된다. 과거에는 일부 부유층을 제외하고는 명품 브랜드에 대한 정보를 접할 기회가 적었다. 그나마 정보를 얻을 수 있는 기회도 명품 브랜드를 취급하는 점포의 직원이나 사용 경험이 있는 사람으로 국한되어 명품 브랜드에 접근하기가 어려웠다. 하지만 이제는 인터넷을 통해 누구나 명품 브랜드 정보를 손쉽게 입수할 수 있고, 그로 인해 명품 소비 욕구가 더 커졌다. 최근 들어 루이비통, 구찌 등 명품 브랜드와 BMW, 벤츠, 렉서스 등의 고급 승용차 소비가 크게 늘고 있는 것이 이를 말해준다. 중국과 인도 시장에서 명품 소비가 비약적으로 늘고 있는 것도 주목할 만하다.

그런데 이와 같은 명품 선호 현상이 과열되면서 웃지 못할 상황이 벌어지기도 했다.

빈센트 앤 코(Vincent & Co.)라는 브랜드는 '100년 전통을 가진 유럽 왕실용 스위스 명품 시계'라는 광고 문구로 명품족의 호기심을 자극했다. 2005년 5월, 강남구 청담동과 신사동에 빈센트 앤 코가 40평짜리 매장을 열었다. 유명 연예인 9명이 홍보 명목으로 시계를 협찬받았고 실제로 5명이 500만 원을 주고 구입했다고 한다. 2006년 6월에는 강남구 청담동의 한 카페에 명품족 1,000여 명을 모아놓고 빈센트 앤 코의 런칭 파티를 열었다. 유럽 왕실의 시계를 국내 유명 연예인들이 즐겨 구매한다는 소문을 이용하여 원가 8만~20만 원짜리 제품을 최고 9,750만 원에 판매하고 대리점 운영 지원자로부터 받은 돈을 포함하여 23억 원의 사기를 쳤다. 이들은 스위스에 법인 및 상표 등록을 마치고 유령회사를 차린 뒤 경기도 시흥에 있는 한 공장에 하청을 주어 제품을 생산하는 방식을 취하였다.

빈센트 앤 코는 몇 가지 특징을 강조했다. 전통을 자랑하는 스위스 기업이 제작했고 유럽 왕실에서 100년간 사용해온 권위 있는 브랜드라고 주장한 것이다. 이로써 품질과 품격이라는 고급 시계의 기본을 갖춘 셈이다. 여기에 유명 연예인, 강남에 자리 잡은 화려한 매장, 그리고 고급스러운 이벤트 등이 추가되었다. 이른바 뜨는 브랜드로서 모든 덕목을 거의 갖춘 것이다. 하지만 빈센트 앤 코의 경우처럼 단기적인 매출에만 급급해 이벤트성 행사에 집중하면서 고객과의 장기적 관계 구축으로 이어지지 못한다면 아무 소용이 없다. 단기적인 마케팅 커뮤니케이션으로 크게 부각된 브랜드가 장기적인 안목에서 충성 고객 확보로 연결될 때 비로소 강력한 브랜드로 자리매김할 수 있다.

Marketing Tip 〉〉〉〉〉〉〉〉〉〉〉〉〉〉〉〉〉〉〉

구매 후 만족으로 이어질 수 있는 프로그램을 마련하라

기업은 소비자들이 충동구매를 하는 과정을 심층적으로 분석하여 구매 후 만족으로 이어질 수 있는 프로그램을 마련해야 한다. 기업이 충동구매에 대하여 나 몰라라 하면서 소비자에게 전적으로 책임을 전가하면 반발 그룹이 집단행동에 나서는 등 의외의 역풍을 만날 수 있다. 구매 시점과 소비 시점 간에 연결고리를 만들어 고객 만족으로 이어질 수 있도록 다양한 노력을 기울일 필요가 있다. 예를 들어 구매 시점에는 잘 알지 못했던 브랜드의 장점을 깨닫게 해서 생각할수록 잘 선택했다는 식으로 확신을 심어주거나, 충동구매 이후 소비자가 계속 만족하지 못한다면 구매를 취소할 수 있도록 선택권을 주는 방법이 있다.

명품의 확산에 따른 대응 방안을 마련하라

명품 브랜드 선호 현상은 앞으로도 상당 기간 지속될 것으로 보인다. 기업은 이러한 현상에 전략적으로 어떻게 대응할지 방안을 모색해야 한다. 예를 들어 대중적인 브랜드라면 제품의 위상을 높여 명품이나 프리미엄 제품군으로 격상시킬 것인가, 아니면 현 수준을 유지하면서 경쟁 브랜드들과 차별화된 이미지를 구축할 것인가를 결정해야 할 것이다.

참고문헌

- 경향신문 특별취재팀(2006), 《우리도 몰랐던 한국의 힘》, 서울 : 한스미디어.
- 김경원(2004), 《폐인문화를 주도하는 Dcinside》, 서울 : emars.
- 김상훈(2004), 《하이테크 마케팅》, 서울 : 박영사.
- 우메다 모치오(2006), 《웹 진화론》, 이우광 역, 서울 : 재인.
- 이어령(2006), 《디지로그》, 서울 : 생각의나무.
- 채지영(2005), 《싸이월드는 왜 떴을까?》, 서울 : 제우미디어.
- 페이스 팝콘(2000), 《클릭! 미래 속으로》, 서울 : 21세기북스.

- 《경향신문》(2006. 6. 5), "국내에 진출한 해외명품 브랜드 지난해 실적".
- 《디지털타임스》(2006. 3. 16), "카티즌이 카를 바꾼다".
- 《매일경제》(2006. 9. 6), "자영업 위기탈출 혁신 사례(4) : 짱구야 학교가자".
- 《문화일보》(2004. 11. 2), "차종별 동호회 제조사에 자문역 소비자엔 상담역".
- 《연합뉴스》(2006. 10. 2), "'한국 성공담'으로 고국서 주목받는 이다 도시".
- 《주간조선》(2006. 7. 3), "입소문 진원지 얼리 리뷰를 잡아라".
- 《중앙일보》(2006. 10. 21), "톡톡 튀는 1인 방송 '브로디즌' 이 뜬다".
- 《팝뉴스》(2006. 7. 24), "이마에 '바보' 문신, 도대체 왜? 네티즌 술렁".
- 강명수(2004), "고객관리를 위한 온라인 브랜드 커뮤니티 구축", 《마케팅》, 제38권 제3호, pp. 46~52.
- 강명수·김병재·신종칠(2005), "브랜드 커뮤니티 성과에 관한 연구—관계성과와 브랜드자산을 중심으로", 《광고연구》 제69권, pp. 9~32.
- 김난도·김선호(2003), "소비자 안티사이트에 대한 연구 : 평가모형개발, 평가 및 발전방안의 모색", 《정보화정책》, 제10권, 제4호, pp. 53~72.

- 김병수(2004. 7. 14), "싸이월드, 인터넷 역사를 다시 쓰다", 《한겨레21》, 제518호.
- 김상일(2003), "신세대 소비자, 모순의 소비코드를 읽어라", 《LG주간경제》, 제738호, LG경제연구원.
- 김준일 · 김유진 · 임지선(2006. 9. 2), "빨리빨리 한국 디지털 조급증", 《경향신문》.
- 김지연(2005. 5. 29), "얼리어답터 문화, 산업으로 육성하자", 《아이뉴스》.
- 김지원(2004. 2. 5), "돈보다 삶의 여유 선택 다운시프트족 늘어", 《굿데이》.
- 대한상공회의소(2005), "미래상품의 특성과 기업의 대응방안 연구".
- 문권모(2004. 11. 19), "불안한 소비자, 어떻게 다가갈 것인가", 《LG주간경제》, 제807호, LG경제연구원.
- 박건형(2005. 5. 26), "휴대폰 커뮤니티 또 하나의 마케팅 창구", 《디지털타임스》.
- 박영배(2004. 1. 15), "다운시프트족", 《한국경제신문》.
- 박찬 · 유창조(2006), "온라인에서 구전 커뮤니케이션이 상표 평가에 미치는 영향에 관한 연구 : 사용후기와 답글을 중심으로", 《소비자학 연구》, 제17권 제1호, pp. 73~93.
- 양성희(2004. 11. 3), "배타적 팬클럽 : 안티사이트", 《문화일보》.
- 오영석 · 김사혁(2004), "온라인 커뮤니티를 이용한 브랜드 마케팅전략", 《정보통신정책》, 제16권 제12호, pp. 20~37.
- 윤송이(2005. 3. 17), "빨리빨리 문화가 디지털 한국 이끈다", 《조선일보》.
- 이연수(2006), "복고 마케팅(Retro-marketing) 활용 포인트", 《LG주간경

제》, 제876호, LG경제연구원.
- 이정배(2006), "컨버전스 시대의 새로운 거대 틈새시장, 롱테일(Long Tail)",《LG주간경제》, 제873호, LG경제연구원.
- 이지영(2006. 8. 9), "환경도 챙기는 착한 웰빙 '나도 로하스족'",《중앙일보》.
- 장지영·윤건일(2006. 9. 6), "新유통 채널로 '커뮤니티'가 뜬다",《전자신문》.
- 정민승(2005. 4. 28), "추억을 부르는 '복고 마케팅'",《주간한국》.
- 정병철(2001. 4. 28), "'빨리빨리' 문화 속에 경쟁력 있다",《동아일보》.
- 정준(2004), "빨리빨리 문화와 느림의 철학",《한국논단》, 제144권, pp. 126~129.
- 정지혜(2006), "한국형 얼리어답터, 그들을 주목하라",《LG주간경제》, 제869·870호, LG경제연구원.
- 조성진·김상국(2002), "안티사이트가 기업에 미치는 영향과 대응 방안에 대한 연구", 2002 대한산업공학회 추계학술대회.
- 조학동(2006), "게임으로 바뀌는 문화… 게임이 요즘 생활 트렌드",《게임동아》.
- 최순화(2002. 9. 24), "소비시장의 양면성", Issue Paper, 서울 : 삼성경제연구소.
- 한국인터넷진흥원(2006. 6), "웹 2.0 시대의 네티즌 인터넷 이용 현황".
- 한재혁(2005. 12. 8), "게임은 새로운 할리우드인가",《한겨레21》, 제588호.
- 홍성태·이은영(2006), "온라인 구전 마케팅에 대한 이해와 그 활용 전략에 대한 연구,"《사회과학연구》, 제19권, pp. 1~15.
- KT 웹진(2002. 12), "시간도 늦추는 새로운 소비계층 슬로비족".

- LG경제연구원(2005), "2010 미래 트렌드", 《LG주간경제》, 제807호.

- Bloggers(2006. 7), "Pew Internet & American Life Project".
- Feick, Lawrence F. and Price, Linda L.(1987), "The Market Maven : A Diffuser of Marketplace Information", *Journal of Marketing*, Vol. 51, No. 1, pp. 83~97.
- Gilmore, James H. and Pine, B. Joseph II(1997. 1), "The Four Faces of Mass Customization", *Harvard Business Review*, pp. 91~101.
- ＿＿＿(1998), *Experience Economy*, Boston, MA : Harvard Business School Press.
- Keller, Kevin Lane(2003), *Strategic Brand Management*, Upper Saddle River, NJ : Prentice Hall.
- Schmitt, Bernd H.(1999), *Experiential Marketing*, New York, NY : Free Press.
- Silverstein, Miachael, Fiske, Neil and Butman, John(2004), *Trading Up, New American Luxury, Why Customers Want New Luxury Goods and How Companies Create Them?*, New York, NY : Penguin Group.